30 x 45 MINUTEN

Arthur Thömmes

Soziales Lernen

Fertige Stundenbilder für Highlights zwischendurch

Klasse 5–10

Verlag an der Ruhr

Impressum

Titel
30 x 45 Minuten Soziales Lernen
Fertige Stundenbilder für Highlights zwischendurch. Klasse 5–10

Autor
Arthur Thömmes

Titelbild- und Kapiteldeckblattmotiv
© iStock.com/Wavebreakmedia

Druck
Heenemann GmbH & Co. KG, Berlin, DE

Verlag an der Ruhr
Mülheim an der Ruhr
www.verlagruhr.de

Geeignet für die Klassen 5–10

Für meine Enkelkinder
Paula, Justus,
Jakob, Friedrich,
Elise und Albrecht

ISBN 978-3-8346-3733-8

Inhalt

Vorwort

Liebe Kollegen*,

„Hassen, pöbeln, gaffen – wie verroht ist unsere Gesellschaft?“ lautete der Titel einer Fernsehtalkshow. Im Mittelpunkt stand eine in den Medien viel beachtete Begebenheit: Ein Rentner war im Geldautomatenraum einer Bank zusammengebrochen. Vier weitere Kunden ließen den Mann achtlos auf dem Boden liegen oder stiegen sogar über ihn hinweg. Gegenseitige Beachtung und Achtsamkeit in einer Welt, die offensichtlich überfüllt ist von Gleichgültigkeit und Respektlosigkeit, scheinen immer mehr ein Manko zu sein. Immer wieder tauchen Berichte auf von Gaffern, die, mit Smartphones ausgestattet, die Rettungskräfte bei ihrer Arbeit behindern. Auch die weit verbreiteten Hasskommentare im Internet zeigen, dass es in unserer Gesellschaft kälter wird. Entwickeln wir uns zu einer Gesellschaft von Egozentrikern und Egoisten, für die nur noch gilt: Ich bin die wichtigste Person in meinem Leben und mir muss es gut gehen; wie es den anderen geht, ist mir egal? – Wegschauen statt einmischen. Nur keine Schwächen und Gefühle zeigen, das könnte mir zum Nachteil gereichen. Werte wie Hilfsbereitschaft, Solidarität oder Menschlichkeit scheinen dabei immer mehr auf der Strecke zu bleiben. Doch was lässt sich dagegen tun? Die Antwort ist gar nicht so schwer: **Wir müssen vor allem mit unseren Kindern und Jugendlichen in den Familien und Schulen eine neue Haltung der Achtsamkeit einüben.** Das ist eine andere Form des Lernens, in der es um Lebenswissen geht: das soziale Lernen. Niemand von uns lebt allein auf einer Insel. Wir alle sind eingebunden in verschiedene soziale Gruppierungen. Und wenn Menschen gut und zufrieden zusammenleben sollen, müssen sie Rücksicht aufeinander nehmen. Die „Helden des Alltags“ arbeiten im Kleinen: in den Familien, am Arbeitsplatz, in den Schulen und auf der Straße. Sie schenken Zuwendung, Nähe, Aufmunterung und Vertrauen. Manchmal ist es ein Lächeln, dann wieder ein gutes Wort in der richtigen Situation oder die heute so wertvolle Zeit, die sie einem Menschen schenken.

Und sie rechnen ihre Tat nicht auf, sie fragen nicht nach Nutzen und Gewinn. Wir brauchen diese Helden des Alltags als Vorbilder für zukünftige Generationen, damit die Mentalität des Wegschauens überwunden wird. Daher wird es immer wichtiger, Kinder und Jugendliche zu selbstbewussten Persönlichkeiten zu erziehen, die nicht nur sich selbst, sondern vor allem auch den Nächsten sehen. **Soziale Kompetenz wird eine bedeutsame Qualifikation für die Zukunft unserer Gesellschaft.** Für das Training sozialer Kompetenzen im Unterricht bietet der vorliegende Band **30 fertig ausgearbeitete Unterrichtsstunden.** Im **ersten Kapitel „Ich …“ (S. 5–44)** steht der einzelne Mensch im Mittelpunkt. Jeder Mensch ist einzigartig und unverwechselbar. Die vorgestellten Themen wollen zur Persönlichkeitsbildung und der Entwicklung eines Selbstbewusstseins anregen. Im **zweiten Kapitel „… und du“ (S. 45–84)** geht es um das Du. Jeder Mensch lebt in vielfältigen Beziehungen und Freundschaften, die er pflegen muss. Und schließlich ist der Mensch eingebunden in unterschiedliche Gemeinschaften, deren friedliches Miteinander die soziale Kompetenz der Einzelnen braucht. Darum geht es im **dritten Kapitel „… und wir alle“ (S. 85–118)**. Die hier vorgestellten Unterrichtseinheiten zum sozialen Lernen können mit verschiedenen Bereichen und Fächern verknüpft werden. Das soziale Lernen ist nicht an ein bestimmtes Fach gebunden. Jedes Fach kann einen Beitrag dazu leisten, dass die kommende Generation friedlich und achtsam miteinander lebt.

Ich wünsche Ihnen viel Freude und Erfolg bei der Umsetzung der Ideen in „30 x 45 Minuten Soziales Lernen“.

Ihr
Arthur Thömmes

* Aus Gründen der besseren Lesbarkeit haben wir in diesem Buch durchgehend die männliche Form verwendet. Natürlich sind damit auch immer Frauen und Mädchen gemeint, also Lehrerinnen, Schülerinnen etc.

Ich ...

Der Mensch ist …

Darum geht's

Das Thema dieser Unterrichtsstunde ist der Mensch. Die anthropologische Fragestellung „Was ist der Mensch?" bildet die Grundlage für weitere Überlegungen zum eigenen Selbstverständnis und zum sozialen Miteinander. Dabei sollen die Schüler nicht theoriegeleitet, sondern erfahrungsorientiert zum Nachdenken darüber angeregt werden, was allen Menschen gemeinsam ist.

Kompetenzen

Die Schüler …

- setzen sich mit unterschiedlichen Vorstellungen des Menschseins auseinander.
- entwickeln eine eigene Position und begründen ihre Definitionsversuche.

Klassenstufe

8–10

Material

- Arbeitsblatt „Der Mensch ist …" (S. 8)
- „Denkzettel" in DIN A6 für jeden Schüler (Abbildung S. 7)

Vorbereitung

Kopieren Sie das Arbeitsblatt „Der Mensch ist …" (S. 8) entsprechend der Schülerzahl.
Bereiten Sie die „Denkzettel" vor und kopieren diese für alle Schüler oder drucken sie entsprechend der Schülerzahl aus.
Schreiben Sie das folgende Gedicht von Erich Fried an die Tafel (weisen Sie die Schüler ggf. auf die alte Rechtschreibung hin):

Definition

Ein Hund
der stirbt
und der weiß
dass er stirbt
wie ein Hund

und der sagen kann
dass er weiß
dass er stirbt
wie ein Hund

ist ein Mensch.

Erich Fried

Quelle: Fried, Erich: Warngedichte, Carl Hanser Verlag: München 1964, S. 120

Stundenverlauf

Einstieg

ca. 5 Minuten

Da das Gedicht mit seiner speziellen Definition des Menschen sehr rätselhaft wirkt, werden die Schüler zunächst den Text mehrfach lesen müssen. Der Text kann auch einige Male laut vorgelesen werden. Fordern Sie Schüler anschließend dazu auf, über das Gedicht kurz nachzudenken. In einer Blitzlichtrunde kann nun jeder Schüler seine spontanen Fragen und Gedanken zu dem Gedicht mitteilen. Dabei wird nicht diskutiert.

Problemorientierung

ca. 5 Minuten

Erarbeiten Sie in einem kurzen Gespräch mit den Schülern zunächst die Frage, was genau in dem Gedicht von Erich Fried definiert wird. Schreiben Sie die Problemfrage *„Was ist der Mensch?"* an die Tafel. In dem Gedicht wird verdeutlicht, dass der Mensch um seine Sterblichkeit weiß und diese auch artikulieren kann.

Erarbeitung

ca. 10 Minuten

Erläutern Sie den Schülern, dass sehr viele Menschen in den vergangenen Jahrhunderten und Jahrtausenden versucht haben, die Frage *„Was ist der Mensch?"* zu beantworten. Meist waren es Philosophen, die über das Leben und die Welt nachdenken, die sich Gedanken über das Mensch sein machten. Das Gedicht des Lyrikers Erich Fried ist ebenfalls ein solcher Versuch der Definition des Menschen. Im folgenden Verlauf der Unterrichtsstunde sollen die Schüler jedoch nunmehr keine weiteren komplizierten Definitionen lesen. Sie sollen vielmehr mithilfe der kurzen Anregungen auf dem Arbeitsblatt „Der Mensch ist …" (S. 8) zügig miteinander zu dem Thema ins Gespräch kommen. Dazu entscheiden sie sich – zunächst einzeln, dann in ihrer Gruppe – für eine der Aussagen auf dem Arbeitsblatt. Die bloße Auswahl eines Satzes sollte jedoch nicht genügen. Die Schüler sollen ihre Entscheidung begründen. Dies kann durch eine Ergänzung *(„weil …")* oder einen kurzen Kommentar geschehen.
Für die Arbeit an dem Arbeitsblatt werden zunächst Kleingruppen gebildet. Jeder Schüler erhält ein Arbeitsblatt, liest sich alle Kurzdefinitionen und Beschreibungen des Menschen still durch und entscheidet sich anschließend für einen Favoriten unter den Aussagen. In einem Gruppengespräch werden die ausgewählten Aussagen kurz vorgestellt, erläutert und besprochen. Zum Schluss entscheidet sich die Gruppe gemeinsam für eine einzige Aussage und vertieft diese mit einer begründeten Formulierung (z. B.: *„Der Mensch ist auf Liebe angewiesen, weil er ohne Liebe nicht existieren kann."*).

Präsentation/Austausch

ca. 15 Minuten

Die Arbeitsgruppen entscheiden sich für einen Mitschüler, der das Team vertritt. Die einzelnen Vertreter der Arbeitsgruppen stellen die Auswahl ihrer Gruppen der Klasse vor und diskutieren anschließend miteinander die Ergebnisse unter der Fragestellung: *„Was ist der Mensch?"* vor dem Plenum. Ermuntern Sie die Schüler dabei, ihre Begründungen mit Beispielen aus dem eigenen Alltag oder dem Weltgeschehen zu erläutern, z. B.: *„Wenn ich mir die vielen Kriege mit den vielen Toten und Zerstörungen ansehe, kann ich die These, dass der Mensch böse ist, nur unterstützen."* Damit die Diskussion lebendiger wird und neue Argumente eingebracht werden, können die Vertreter der Gruppen in der Gesprächsrunde ausgetauscht werden. Achten Sie bei dem Gespräch darauf, dass es nicht in Belanglosigkeiten abdriftet und die Schüler bei der Beantwortung der Ausgangsfrage bleiben. Die Schüler im Plenum können durch Meldungen Zwischenfragen stellen und auf diese Weise der Diskussion in eine andere Richtung verhelfen.

Abschluss

ca. 10 Minuten

Fassen Sie das Ergebnis des Gedankenaustausches zusammen, indem Sie die wichtigsten Aspekte nochmals formulieren. Machen Sie dabei deutlich, dass es keine eindeutige und richtige Antwort auf die Ausgangsfrage gibt. Wichtig ist, dass die Menschen bereit sind, über diese Frage immer wieder nachzudenken, um so ihr eigenes Handeln kritisch zu betrachten und zu hinterfragen. Ermutigen Sie die Schüler, weiterzudenken und, wenn sie der Ehrgeiz und die Neugier packen, selbst weiter zu recherchieren.

DENKZETTEL
Der Mensch ist …

Dazu erhalten alle Schüler einen sogenannten „Denkzettel" (siehe Abbildung oben). Auf diesem kleinen Zettel vervollständigen sie zunächst den Satzanfang *„Der Mensch ist …"* mit ihrer ganz persönlichen Definition und nutzen ihn als Erinnerungshilfe für weitere Überlegungen zum Thema. Schaffen Sie ggf. eine Möglichkeit zum Anheften der „Denkzettel" im Klassenraum. Vielleicht ergibt sich zum späteren Zeitpunkt die Gelegenheit, die Ergebnisse der Stunde kritisch zu erörtern, zu ergänzen oder zu korrigieren.

Der Mensch ist …

- … ein Lebewesen mit Verstand und Vernunft.
- … ein gezähmtes Tier.
- … auf der Suche nach Sinn.
- … die Krone der Schöpfung.
- … ein Säugetier.
- … eine intelligente Bestie.
- … ein Produkt seiner Umwelt.
- … ein Wunder.
- … eine Ansammlung von Knochen, Nerven, Organen, Sehnen, Proteinen und Aminosäuren.
- … ein Experiment Gottes.
- … gut.
- … böse.
- … ein religiöses Wesen.
- … das einzige Lebewesen, das weiß, dass es sterben muss.
- … in sich selbst verliebt.
- … der Zerstörer der Welt.
- … ein Lebewesen mit Seele.
- … auf Liebe angewiesen.
- … von seinen Genen festgelegt.
- … mit einer Aufgabe ins Leben geschickt.
- … unwissend.
- … das Opfer seiner Gier.
- … mit Gehirn und Herz ausgestattet.
- … ein durch Erfahrung lernendes Wesen.
- … ein Wesen mit einem freien Willen.
- … auf Gemeinschaft angelegt.
- … von seinen Gedanken gesteuert.
- … ein Ergebnis der Evolution.
- … unvollkommen.
- … ein Spielzeug der Natur.
- … ein Lebewesen, das darüber nachdenken kann, was ein Mensch ist.

Aufgaben

1. Lies zunächst die kurzen Definitionsversuche in Einzelarbeit durch. Wähle einen Favoriten unter den Aussagen.
2. Bildet Gruppen. Diskutiert eure Favoriten und entscheidet euch als Gruppe für eine Aussage.
3. Erläutert eure Wahl, indem ihr die Kurzdefinition mit einer Begründung ergänzt, z. B.: *„Der Mensch ist …, weil …"*

Der Mensch ist ……………………………………………………………………………

……………………………………………………………………………………………

weil …………………………………………………………………………………………

……………………………………………………………………………………………

  ISBN 978-3-8346-3733-8 | www.verlagruhr.de

Meine Fußspuren

Darum geht's

Jeder Mensch hinterlässt Fußspuren in dieser Welt. Auch junge Menschen haben schon eine gewisse Lebensstrecke zurückgelegt mit vielen Begegnungen und Erfahrungen, die verbunden sind mit Gefühlen, Gedanken und Erkenntnissen. In der folgenden Stunde sollen sich die Schüler mit ihrem bisherigen Lebensweg auseinandersetzen, aber auch mit der Gegenwart und Zukunft. Dabei geht es vor allem um die Erkenntnis, dass unser (bisheriges) Tun unser Leben beeinflusst. Beachten Sie, dass es sich um sehr persönliche Auseinandersetzungen der Schüler mit ihrem Leben handelt. Überlegen Sie sich bei der Planung der Stunde, ob Sie sich selbst das Thema zutrauen und ob es für Ihre Lerngruppe passend ist. Sie entscheiden als Lehrer, ob Sie bei der Thematik an der reflektiven Oberfläche bleiben oder in die Tiefe gehen.

Kompetenzen

Die Schüler …

- nehmen ihr bisheriges Leben, die Gegenwart und die Zukunft in den Blick.
- erkennen, dass ihre bisherigen Lebenserfahrungen ihr gegenwärtiges und zukünftiges Denken und Verhalten beeinflussen.

Klassenstufe

8–10

Material

- Materialblatt „Fußspuren" (S. 11)
- Buntstifte für jeden Schüler
- Schere für jeden Schüler

Vorbereitung

Kopieren Sie das Materialblatt „Fußspuren" (S. 11) vergrößert für jeden Schüler mehrfach. Jeder Schüler sollte insgesamt drei Fußspuren zur Verfügung haben (z. B. einen rechten Fußumriss 2-mal und den linken Fußumriss 1-mal, sodass die Umrisse wie eine Fußspur ausgelegt werden können).

Bereiten Sie einen „Weg" vor (z. B. vier lange Tische), auf dem die Fußspuren bei der Präsentation ausgelegt werden können.

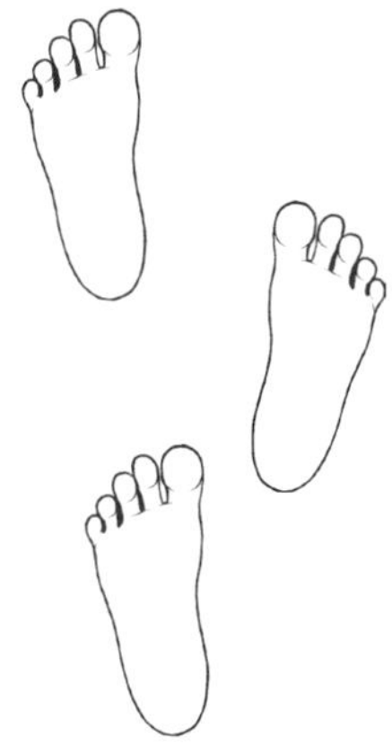

Stundenverlauf

Einstieg

ca. 5 Minuten

Schreiben Sie an die Tafel nebeneinander die folgenden Satzanfänge:

„Ich war …" – „Ich bin …" – „Ich werde …"

Die Schüler sind eingeladen, die drei Sätze beispielhaft mündlich zu Ende zu formulieren. Damit deutlich wird, worum es dabei geht, können Sie selbst damit beginnen (z. B.: *„Ich war als Schüler sehr faul. Ich bin heute aber sehr zufrieden mit dem, was ich aus meinem Leben gemacht habe. Ich werde hoffentlich gesund bleiben"*). Lassen Sie einige Schüler zu Wort kommen und leiten dann zu einem Unterrichtsgespräch über.

Problemorientierung

ca. 5 Minuten

Erarbeiten Sie mit den Schülern in einem kurzen Gespräch, wie die drei Formulierungen zusammenhängen. Dabei sollte deutlich werden, dass unser Leben nicht nur in einzelnen Phasen wichtig ist. – Als Schüler sehr faul gewesen zu sein, hat ggf. Auswirkungen auf die späteren Lebensphasen, lässt sich aber zu fast jedem Zeitpunkt auch ändern und korrigieren. Im Prinzip hängt alles zusammen. Jeder Gedanke, jedes Wort, jede Begegnung und jede Tat hat Auswirkungen auf unser Leben. Was wir denken, unternehmen oder unterlassen, beeinflusst unsere Persönlichkeit und auch das Urteil, das andere Menschen sich von uns bilden. Mit dem, was wir denken, unternehmen oder unterlassen, übernehmen wir Verantwortung gegenüber uns selbst und gegenüber anderen und üben Einfluss aus.

Erarbeitung

ca. 20 Minuten

Erläutern Sie den Schülern die Symbolik der Fußspuren: *„Mit unseren Füßen bewegen wir uns durch die Welt und unser Leben. Und wir hinterlassen Spuren. Wenn wir zurückblicken, können wir unsere Spuren erkennen. – Als Kind haben wir Spuren im Kindergarten und in der Schule hinterlassen, bei den Eltern und Großeltern in Form von Erinnerungen, Gefühlen und auch Entscheidungen. Bei Familienfesten und anderen Ereignissen, wie z. B. bei der Einschulung, haben wir ebenfalls Spuren hinterlassen. Und wir selbst verbinden unsere Fußspuren auch mit bestimmten Erfahrungen, Gefühlen und Erlebnissen, z. B. mit Enttäuschung, Stolz, Glück, Trauer, Niederlagen …"*

Für die sich nun anschließende Einzelarbeit erhält jeder Schüler drei Fußspuren-Vorlagen, die er jeweils ausschneiden und beschriften soll mit den Satzanfängen *„Ich war …"* – *„Ich bin …"* – *„Ich werde …"*

- ***„Ich war …:":*** Auf dieser Fußspur können die Schüler Orte, Situationen, Ereignisse und auch Gefühle aus ihrem bisherigen Leben eintragen.
- ***„Ich bin …":*** Auf dieser Fußspur können aktuelle Ereignisse und Gefühle beschrieben werden.
- ***„Ich werde …":*** Diese Fußspur beschäftigt sich mit der Zukunft. Also stehen dabei Wünsche, Träume und Pläne im Blickpunkt.

Die Fußspuren können ggf. kreativ gestaltet werden.

Präsentation/Reflexion

ca. 15 Minuten

Da die Fußspuren sehr persönliche Erfahrungen reflektieren, ist es nicht sinnvoll, dass jeder Schüler seine Gedanken vorträgt. Die einzelnen Fußspuren werden vielmehr in Form eines Weges ausgebreitet. Dabei sollen die Schüler entscheiden, ob sie geordnet ausliegen oder durcheinander.

- Zunächst gehen alle in Ruhe den Weg ab und betrachten die einzelnen Fußspuren. Dabei sollen sie darauf achten, was die Spuren miteinander verbindet.
- In einem abschließenden Gespräch formulieren die Schüler ihre Erkenntnisse. Diese können die persönliche Auseinandersetzung mit den Fußspuren, aber auch den gesamten Weg betreffen.
- Formulieren Sie eine abschließende Zusammenfassung: *„Ihr habt euch mit euren Fußspuren beschäftigt und euch die Spuren der Mitschüler angesehen. Dabei wurde deutlich: Jeder Mensch ist ein Original und unverwechselbar. Jedes Leben wird geprägt von ganz vielen Erlebnissen und Erfahrungen. Auf meinem bisherigen Lebensweg haben viele Menschen mein Leben geprägt und beeinflusst. Andere Menschen haben auch das Fundament dafür gelegt, wie selbstständig und wie klug oder dumm ich mich in Zukunft verhalten werde. Und das ist eine große Verantwortung, die ich übernehme."*

Leitfragen zu der Fußspuren-Aufgabe:

- *„Was ist das Besondere an mir und meinem Lebensweg? Welche Ereignisse haben mich besonders beeinflusst und geprägt?"*
- *„Welche Erfahrungen, Erkenntnisse und Gefühle beinhalten sie für mich?"*
- *„Welche Menschen haben mich bisher begleitet und welche Bedeutung haben sie für mich, mein gegenwärtiges und zukünftiges Leben?"*
- *„Gibt es Orte, die eine besondere Bedeutung für mich und mein Leben haben?"*
- *„Welche Stärken oder Schwächen beeinflussen mich und mein Leben am meisten?"*

Fußspuren

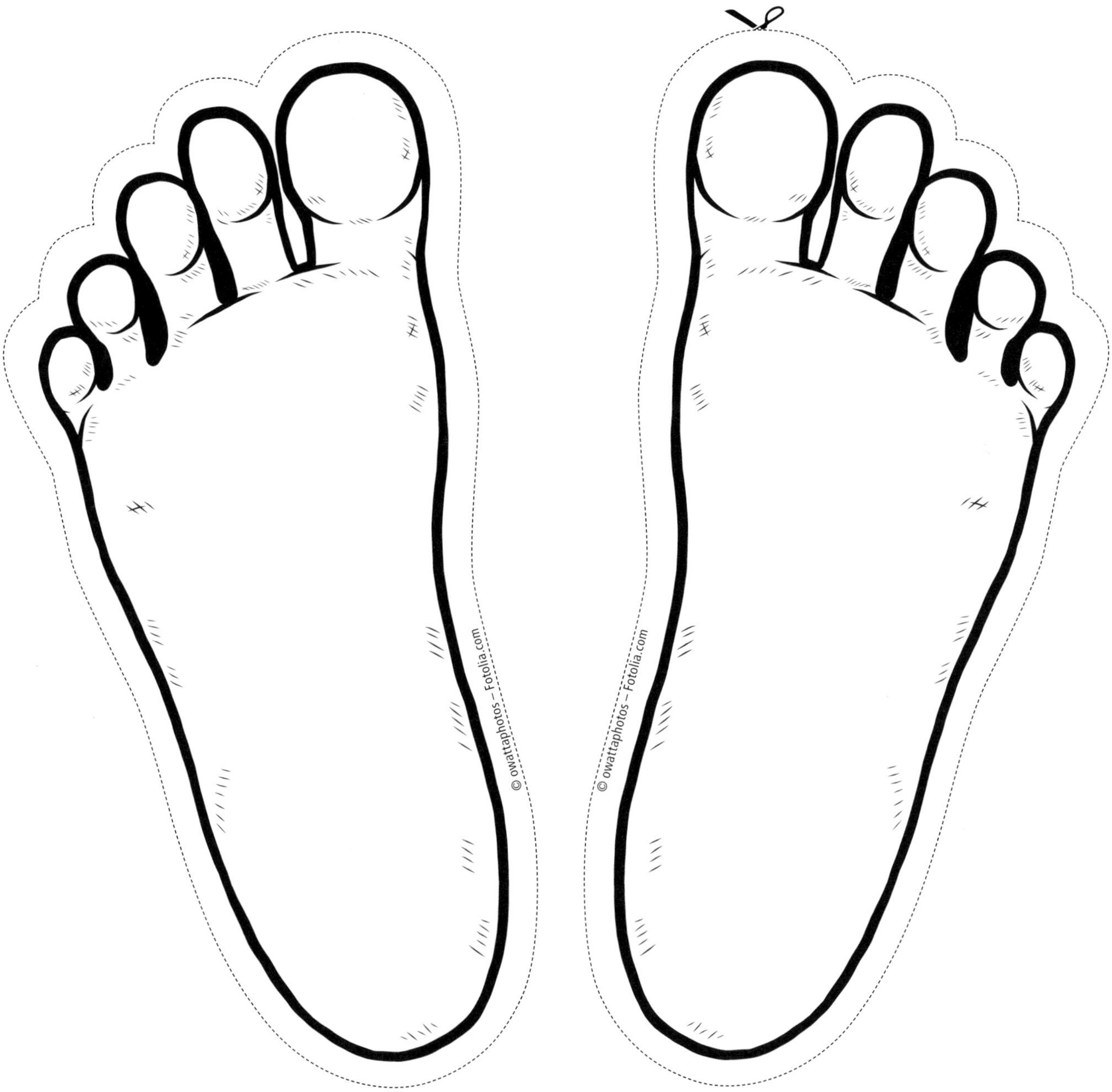

Ich bin wer und ich kann was!

Darum geht's

„Das lernst du nie!", „Aus dir wird nie was werden!", „Streng dich doch mal an!", „Warum kapierst du das nicht?" Das sind Botschaften, die manche Kinder und Jugendlichen von Erwachsenen zu hören bekommen. Die dahintersteckende geringe Wertschätzung kann sich auf das Selbstwertgefühl der Heranwachsenden auswirken. In gehäufter Form prägen solche Sätze manchmal eine Persönlichkeit für ein ganzes Leben.
In dieser Unterrichtsstunde sollen sich die Schüler selbst in den Blick nehmen, also eine Art „Selfie" machen. Dabei haben sie eine besondere Brille auf. Diese Brille sieht nur die guten Dinge, also Stärken, Talente, Fähigkeiten und Begabungen. Die Schüler sollen in dieser Unterrichtsstunde ihre positiven Seiten erkennen und diese auch formulieren. Neben der Selbsterfahrung können die Schüler ihre Erkenntnisse in mehreren Smalltalkrunden austauschen. Dabei sollen sie vor allem staunen und nicht kritisieren oder hinterfragen. Ein Austausch über die Erkenntnisse beendet die Unterrichtsstunde. Dies kann nicht nur zu einer ganz neuen Selbsterfahrung führen. Auch Mitschüler können plötzlich mit ihren Eigenschaften, Fertigkeiten und ihrem Wissen ganz anders erlebt werden.

Kompetenzen

Die Schüler …

- erkennen eigene Stärken und formulieren diese.
- entwickeln eine positive Haltung gegenüber sich selbst.

Klassenstufe

5–10

Material

- Arbeitsblatt „Ich kann was!" (S. 14)
- Folienvorlage „Traurig oder glücklich" (S. 15)
- 3 Blanko-Karten in DIN A6 für jeden Schüler
- Klebeband
- ggf. Beamer oder Overheadprojektor

Vorbereitung

Kopieren Sie das Arbeitsblatt „Ich kann was" (S. 14) für jeden Schüler. Stellen Sie für jeden Schüler drei Blanko-Karten bereit, die er beschriften kann. Erstellen Sie von der Folienvorlage „Traurig oder glücklich" (S. 15) eine Präsentationsvorlage (für den Beamer oder wahlweise Overheadprojektor) oder fertigen Sie vergrößerte Kopien der beiden Fotos zum Zeigen an.

Stundenverlauf

Einstieg

ca. 5 Minuten

Zeigen Sie den Schülern die beiden Fotos auf der Folienvorlage „Traurig oder glücklich" (S. 15). Die Schüler beschreiben zunächst, was sie sehen, und versuchen dann, zu deuten, warum der Junge auf dem einen Foto strahlt und auf dem anderen traurig ist. Lenken Sie das Gespräch auf die persönliche Ebene: *„Wann bis du traurig oder glücklich?"*

Problemorientierung

ca. 10 Minuten

Erarbeiten Sie im Unterrichtsgespräch, dass wertschätzende Rückmeldungen einen positiven Einfluss auf das Selbstbewusstsein und damit auch auf die Gefühle haben. Dazu werden auch konkrete Beispiele genannt (z. B.: *„Meine Mutter lobt mich! Ein Freund ist froh, dass er mit mir reden kann, und sagt/zeigt mir das."*).
Erläutern Sie den Schülern, dass es in dieser Unterrichtsstunde darum gehen soll, die eigenen positiven Eigenschaften und Fertigkeiten zu betrachten. Diese können zu positiven Rückmeldungen und Reaktionen unserer Mitmenschen führen und wenn wir uns selbst auf diese Eigenschaften besinnen, können sie uns dabei helfen, Krisen und schlechte Gefühle zu überwinden.

Erarbeitung

ca. 15 Minuten

Alle Schüler erhalten das Arbeitsblatt „Ich kann was!" (S. 14), auf dem sie ihre positiven Selbsteinschätzungen notieren können. Dabei sollen sie drei (Lebens-)Bereiche erkunden und sich auf die Spur machen nach ihren positiven Eigenschaften:

- ***„Ich bin …"***: Auf dem Arbeitsblatt befindet sich bereits eine Liste mit Eigenschaftswörtern. Die Schüler sollen bewusst und überlegt jedes Wort lesen und sich fragen, ob es auf sie zutrifft. Dabei soll jeder eine (die wichtigste) auf ihn zutreffende Eigenschaft auswählen und auf eine Karte schreiben.
- ***„Ich kann …"***: Hier geht es vor allem um Fertigkeiten und Fähigkeiten. Oft sind dies alltägliche Begabungen und Talente, die nicht unbedingt in der Schule vermittelt werden. Die Schüler entscheiden sich für eine Fertigkeit.
- ***„Ich weiß …"***: Hier geht es um Kenntnisse und Wissen. Das kann sowohl schulische Fächer betreffen als auch Wissensgebiete aus der Freizeit. Auch hier wird ein Begriff auf einer Karte notiert.

Jeder Schüler befestigt seine drei Karten mithilfe des Klebebandes an seiner Kleidung.

Präsentation

ca. 10 Minuten

Nach Beendigung der Erarbeitungsphase stehen alle auf und bewegen sich frei im Raum. Auf ein Zeichen hin finden sich jeweils drei Schüler zusammen und führen einen „Smalltalk". Dabei präsentieren sie sich gegenseitig ihre Karten und tauschen sich darüber kurz aus. Es sollte währenddessen zu keiner Diskussion kommen. Lediglich ein Nachfragen ist erlaubt, um die Eigenschaften und Kenntnisse genauer zu erfragen.
Nach ca. 3 Minuten trennen sich die Gruppen und es finden sich nach einer kurzen Bewegungsphase wieder neue Talkrunden zusammen. Insgesamt können ca. 3 Runden durchgeführt werden.

Reflexion/Abschluss

ca. 5 Minuten

In der letzten Unterrichtsphase kommt es zu einem Blitzlicht, in dem alle Schüler in einem Satz ihre persönliche Erkenntnis der Unterrichtsstunde ausdrücken können. Dabei können folgende Leitfragen hilfreich sein:

- *„Wie geht es mir, wenn ich mich selbst mit meinen positiven Seiten wahrnehme?"*
- *„Was passiert, wenn ich eine positive Beachtung und Wertschätzung erfahre?"*

Vielleicht kann diese Unterrichtsstunde auch in den Alltag der Schüler hineinwirken. Wenn Sie noch Zeit haben, können Sie die Schüler am Ende der Stunde zu einem Experiment einladen. Sie sollen einmal versuchen, im Alltag ihren Mitmenschen bewusst positive Rückmeldungen zu geben, und darauf achten, was dann passiert. Das „Vokabular der Wertschätzung" (siehe unten) kann bei dem Experiment hilfreich sein.

Das Vokabular der Wertschätzung:

- *„Das hast du gut gemacht!"*
- *„Mach weiter so!"*
- *„Das wirst du schaffen!"*
- *„Du kannst das!"*
- *„Gib nicht auf!"*
- *„Deine Anstrengung lohnt sich!"*
- …

Ich kann was!

Ich bin …

(z. B.: aufgeschlossen – aufmerksam – aufrichtig – anpassungsfähig – begeisterungsfähig – beharrlich – belastbar – beliebt – diszipliniert – ehrgeizig – ehrlich – einfühlsam – emotional – erfolgreich – fleißig – flexibel – freundlich – fröhlich – geduldig – genau – gerecht – gewissenhaft – großzügig – gütig – ideenreich – intelligent – herzlich – hilfsbereit – höflich – kontaktfreudig – kreativ – kritikfähig – lernfähig – lustig – mitfühlend – musikalisch – mutig – offen – optimistisch – pünktlich – respektvoll – ruhig – selbstbewusst – selbstständig – sensibel – sparsam – spontan – sportlich – stark – sympathisch – teamfähig – tolerant – umgänglich – unternehmungslustig – verschwiegen – vertrauensvoll – zielstrebig – zurückhaltend – zuverlässig – …)

Ich kann …

(z. B.: gut zuhören, gut reden, schön malen, fotografieren, schnell laufen, gut rechnen …)

Ich weiß …

(z. B.: viel über Geschichte, alles über die Bundesliga …)

◎ Aufgaben

1. **Notiere jeweils ein Ergebnis deiner Überlegungen zunächst oben auf dem Arbeitsblatt in dem jeweiligen Feld.**
2. **Schreibe die Ergebnisse auf die drei bereitliegenden Karten und klebe sie an deiner Kleidung fest!**

Traurig oder glücklich

Gute Zeiten – schlechte Zeiten

Darum geht's

Auch Kinder und Jugendliche erleben, dass das Leben nicht nur Sonnenseiten hat. Es gibt auch die Erfahrungen der Enttäuschung oder Frustration. Manchmal sind es sogar Katastrophen, wie Krankheit oder Tod, die plötzlich das Leben durcheinanderbringen. Und dann wiederum gibt es auch Momente des Glücks, also: gute und schlechte Zeiten, Lust und Frust. Die jungen Menschen müssen lernen, mit diesen Gegensätzen zu leben. Nur so entwickeln sie Ich-Stärke, die sie in ihrem zukünftigen Leben brauchen werden. So wird das Akzeptieren der Widersprüche im Leben zu einer Art Schlüsselkompetenz, die dabei helfen kann, ein gutes und zufriedenes Leben zu führen. Natürlich gibt es kein Rezept, wie das gelingen kann. Aber neben dem Elternhaus kann auch die Schule hier wichtige Grundlagen schaffen. In dieser Unterrichtsstunde sollen die Schüler dazu angeregt werden, über beide Seiten des Lebens nachzudenken. Vielleicht gelingt es sogar, konkrete Mutmacher zu formulieren, die dabei helfen können, immer wieder aufzustehen und weiterzugehen.

Kompetenzen

Die Schüler …

- erkennen, dass es in jedem Leben gute und schlechte Zeiten gibt.
- benennen eigene Erfahrungen von Lust und Frust.
- formulieren Mutmacher, die hilfreich sein können, um die schlechten Lebenszeiten besser zu bewältigen.

Klassenstufe

7–10

Material

- Arbeitsblatt „Mutmacher" (S. 18/19)
- 4 Plakate in DIN A1 oder größer (z. B. Flipchart-Bögen)
- 4 Sets Buntstifte oder bunte Filzstifte
- Blanko-Karte in DIN A6 für jeden Schüler

Vorbereitung

Stellen Sie vier Tische separat auf oder die vorhandenen Tische der Schüler zu vier Gruppentischen zusammen. Legen Sie auf den Tischen die Plakatkartons mit bunten Schreibstiften aus. Notieren Sie darauf die folgenden vier Satzanfänge:

- → *„Wenn ich glücklich bin …"*
- → *„Wenn ich traurig bin …"*
- → *„Wenn ich selbstbewusst bin …"*
- → *„Wenn ich am Boden zerstört bin …"*

Kopieren Sie die Arbeitsblätter (S. 18/19) mit den Mutmachern in Klassenstärke.

Stundenverlauf

Einstieg

ca. 10 Minuten

Laden Sie die Schüler zu einem Schreibgespräch ein. Die wichtigste Regel dabei ist, dass niemand spricht, sondern nur schreibt und malt. Dazu liegen vier Plakate mit Stiften aus. Die darauf geschriebenen Satzanfänge sollen durch die Schüler ergänzt werden. Es ist auch möglich, auf die Einträge der Mitschüler zu antworten oder diese zu kommentieren. Dabei sind Symbole sehr hilfreich (z. B. Smileys, Pfeile o. Ä.). Auch die bunten Stifte können dabei einzelne Akzente des Schreibgespräches unterstützen.
Die Schüler können sich während des Schreibgespräches von Plakat zu Plakat bewegen. Wichtig ist auch, dass der gesamte Verlauf des Scheibgespräches immer im Blick bleibt. So entwickelt sich ein intensiver Gedankenaustausch.
Am Ende des Schreibgespräches haben alle Schüler die Möglichkeit, alle Einträge in Ruhe zu betrachten.

Problemorientierung

ca. 15 Minuten

In der sich anschließenden Phase dürfen alle wieder sprechen und das ausdrücken, was sie in dem stillen Schreibgespräch erfahren haben. Nutzen Sie dabei die Gelegenheit, die Schüler in einem gelenkten Unterrichtsgespräch zur

Erkenntnis zu führen, dass das Leben aus guten und schlechten Zeiten besteht und dass es bedeutsam für das (weitere) Leben ist, diese Gegensätze zu erkennen und zu akzeptieren: *„Das Leben besteht nicht nur aus Sonnenschein und Party. Du kennst auch die Zeiten, an denen du am Boden liegst und keinen Sinn mehr siehst. Manchmal sind es kleine Enttäuschungen und Ärgernisse. Manchmal erscheint das Leben aber auch unfair und bringt Katastrophen, die dich aus der Bahn werfen. Und immer wieder stehst du auf und fängst neu an. Es gibt aber auch die glücklichen Tage, an denen du dich wohlfühlst. Du hast Erfolgserlebnisse oder freust dich, weil du mit deiner Familie oder deinen Freunden zusammen bist. Wenn ihr wollt, könnt ihr ein wenig von euren guten und schlechten Tagen erzählen und wie ihr diese erlebt."*

Die Schüler haben nun die Möglichkeit, sich über ihre positiven und negativen Erfahrungen auszutauschen. Dabei dürfen sie Begebenheiten und Geschichten aus dem Leben erzählen. Es geht dabei nicht darum, diese zu bewerten, sondern sie wahrzunehmen und einander zuzuhören, um ggf. erste Erkenntnisse zu gewinnen, wie schlechte Lebensphasen bewältigt werden können.

Erarbeitung

ca. 15 Minuten

In dieser Unterrichtsphase stehen „Mutmacher" im Mittelpunkt. Dabei geht es um die Frage, wie die schweren Zeiten des Lebens gut bewältigt werden können. Dazu erhalten die Schüler das Arbeitsblatt „Mutmacher" (S. 18/19). Die unterschiedlichen Thesen, Fragen und Provokationen sollen zum Nachdenken und zum Gespräch anregen.

Aus der Vielzahl der Mutmacher wählt jeder Schüler eine Formulierung aus, die ihm am meisten zusagt und die ihm helfen könnte, wenn es ihm nicht gut geht. Jeder schreibt dann seinen persönlichen Mutmacher auf eine Karte und behält ihn bei sich.

Natürlich können die Schüler aber auch eigene Gedanken und Anregungen notieren.

Die Schüler bewegen sich anschließend im Raum und finden sich spontan zu kleinen Gesprächsrunden zusammen, in denen sie sich über ihre Mutmacher austauschen.

Reflexion/Abschluss

ca. 5 Minuten

Zum Schluss können die Schüler in einer Blitzlichtrunde ihren ausgewählten Mutmacher noch mal laut aussprechen, sodass alle einmal kurz voneinander ihren jeweiligen Spruch gehört haben. Gleichzeitig kann über die Verlautbarung des eigenen Mutmachers dieser noch einmal bekräftigt werden und wie ein Slogan wirken.

Mögliche Satzanfänge für das Unterrichtsgespräch über gute und schlechte Lebensphasen:

- *„Wenn ich glücklich bin, …"*
- *„Wenn ich traurig bin, …"*
- *„Wenn ich selbstbewusst bin, …"*
- *„Wenn ich am Boden zerstört bin, …"*
- *„Wenn ich ängstlich bin, …"*
- *„Wenn ich enttäuscht bin, …"*
- *„Wenn ich gut drauf bin, …"*
- *„Wenn ich mich schäme, …"*
- *„Wenn ich mutig bin, …"*
- *„Wenn ich wütend bin, …"*
- *„Wenn ich stolz auf mich bin, …"*
- *„Wenn ich verliebt bin, …"*
- *„Wenn ich die Welt umarmen könnte, …"*

Mutmacher (1/2)

© underdogstudios – Fotolia.com

- Achte auf dein Glück, denn es könnte direkt neben dir stehen.
- Hindernisse sind da, um sie zu beseitigen.
- Ein Lächeln kann die Welt verändern.
- Du bist einmalig.
- Bleibe im Frieden mit dir selbst.
- Wende dein Gesicht der Sonne zu, dann fallen die Schatten hinter dich.
- Achte auf die kleinen Dinge des Lebens.
- Wichtig ist, dass du machst, was du liebst.
- Verbringe nicht die Zeit mit der Suche nach einem Hindernis, vielleicht ist keines da.
- Jeder ist seines Glückes Störenfried.
- Jeder ist seines Glückes Schmied.
- Der Rest des Lebens beginnt heute.
- Vertraue den Menschen, die dich lieben.
- Setze dir Ziele und arbeite daran.
- Man erkennt seine Grenzen erst, wenn man dort gewesen ist.
- Zu Hause bist du dort, wo du geliebt wirst.
- Es gibt Menschen, die sind nur glücklich, wenn sie unglücklich sind.
- Nur wer liebt, was er tut, macht es gut.
- Achte auf deine Wünsche und Träume.
- Übernimm Verantwortung für dein Leben.
- Versuche, zufrieden und bewusst zu leben.
- Die Weisheit des Lebens besteht im Ausschalten des Unwesentlichen.
- Das Leben ist voller Nebenwirkungen.
- Ich reduziere meine hohen Ideale und stehe zu meinen Fehlern.
- Ich muss nicht perfekt sein und alles können und machen.

  ISBN 978-3-8346-3733-8 | www.verlagruhr.de

Mutmacher (2/2)

- Ich konzentriere mich auf das Wesentliche und setze Schwerpunkte.
- Ich achte auf meine Energiereserven und suche regelmäßig Zeiten und Orte der Ruhe.
- Ich brauche mich nicht ständig zu rechtfertigen, denn ich stehe zu dem, was ich mache.
- Ich gehe klug und angemessen mit meinen Gefühlen um.
- Ich suche mir Menschen, mit denen ich gut und verständnisvoll reden kann.
- In jedem Menschen steckt etwas Kostbares.
- Du kannst die Welt nicht ändern, aber dich selbst.
- Ich genieße die schönen Dinge des Lebens.
- Ich beginne den Tag mit der Absicht, das zu tun, woran ich glaube und wofür ich stehe.

Wenn du möchtest, kannst du hier deine eigenen Mutmacher aufschreiben:

....

....

....

....

....

....

....

....

....

....

Aufgaben

1. **Lies dir die Mutmacher zunächst alle allein in Ruhe durch. Entscheide dich für einen, der dir selbst in einer schwierigen Lebenssituation helfen könnte.**
2. **Schreibe deinen Mutmacher auf eine Karte und behalte die Karte bei dir. Der Mutmacher kann dir vielleicht später in einer schwierigen Situation nützlich sein.**
3. **Tauscht euch anschließend in kleinen Gesprächsrunden über eure Mutmacher aus.**

Fragen über Fragen

Darum geht's

Nichts nervt Jugendliche mehr als das ständige Fragen der Erwachsenen. Zu Hause fragen die Eltern: *„Wo warst du?", „Wie war die Schule?", „Hast du deine Hausaufgaben gemacht?", „Wohin gehst du?"*
Und in der Schule sind es die Lehrer, die mit ihrer „ständigen Fragerei" nerven. – Fragen über Fragen. Aber wie steht es um die Fragen, die die Jugendlichen selbst haben und die sie wirklich bewegen? Ob es sich um ganz praktische und alltägliche Dinge handelt oder um Fragen, die das Leben oder bestimmte Menschen betreffen. – Wo und wann können die Jugendlichen diese Fragen stellen, ohne dass sie wiederum hinterfragt oder für ihre Fragen beurteilt werden?
Die folgende Unterrichtseinheit soll zu einer großen Fragestunde werden – einer Zeit, in der sich die Schüler ausschließlich mit ihren Fragen beschäftigen können. Erlaubt sind kluge, eher forschende Fragen genauso wie die vermeintlich „dummen"; wichtige Fragen genauso wie vermeintlich belanglose. Die Schüler sollen Freude am Fragen entwickeln, die sie dann hoffentlich auch in ihren Lebensalltag mitnehmen.
Und diese Erkenntnis ist dabei wichtig: Bestimmte (unangemessene) soziale Verhaltensweisen können ihre Ursache darin haben, dass junge Menschen sich mit ihren Interessen und Fragen nicht ernst genommen fühlen.

Kompetenzen

Die Schüler …

- entwickeln Fragestellungen, die sie selbst und ihr Leben betreffen.
- tauschen sich mit ihren Mitschülern über Dinge, die sie beschäftigen, aus.
- entwickeln Mut und Selbstvertrauen, um ihre Fragen auch im Alltag zu stellen.

Klassenstufe

5–10

Material

- Materialblatt „Fragen über Fragen" (S. 22)
- Arbeitsblatt „Fragen über Fragen" (S. 23)
- Pinnwand/Stellwand als „Fragewand" mit einem Fragezeichen als Symbol
- 10 Blanko-Karten in DIN A6 für jede Gruppe

Vorbereitung

Kopieren Sie ggf. das Materialblatt „Fragen über Fragen" (S. 22) einmal für sich oder lesen Sie den Text darauf direkt aus dem Buch vor. Kopieren Sie das Arbeitsblatt „Fragen über Fragen" (S. 23) für jeden Schüler und halten Sie die Fragekarten (Blanko-Karten, siehe Materialliste) für die 3er-Gruppen bereit. (Jede Gruppe sollte zehn Karten zur Verfügung haben.) Stellen Sie eine „Fragewand" auf (Pinnwand oder Stellwand) und heften Sie in die Mitte der Fragewand ein Blatt mit einem großen Fragezeichen.

Stundenverlauf

Einstieg

ca. 5 Minuten

Die Schüler formulieren Vermutungen, welche Bedeutung die Pinnwand mit dem Fragezeichen haben könnte. Lesen Sie anschließend den Text „Fragen über Fragen" vom gleichnamigen Materialblatt (S. 22) vor und erläutern Sie den Schülern die Idee, die dieser Unterrichtsstunde zugrunde liegt.

Erarbeitung

ca. 30 Minuten

In dieser Unterrichtsstunde werden nicht Sie als Lehrer Fragen stellen, sondern die Schüler können sich den Großteil der Stunde auf die Suche nach Fragen machen und diese formulieren. Auch das muss geübt werden und sollte in Ruhe und Konzentration geschehen.

Verdeutlichen Sie zunächst unterschiedliche Fragearten mit Beispielen. (Diese sollen sich jedoch nicht unbedingt ausschließlich auf kommunikationstheoretische Kategorien beziehen, da es in dieser Unterrichtsstunde nicht um Rhetorik gehen soll).

- Informationsfragen: *„Welche Fähigkeiten brauche ich als Mechatroniker?", „Wie lang ist die Strecke zwischen München und Hamburg?"*
- Zielfragen: *„Wie spät ist es?", „Welcher Weg ist der kürzesete zum Bahnhof?"*
- Wissensfragen: *„Wie viele Bundesländer hat Deutschland?", „Wie viele Länder gehören zur EU?", „Wofür steht die Abkürzung ICE?"*
- Analytische Fragen: *„Wie schwer sind 1 000 Tüten Gummibärchen?", „Wie lange braucht man, um den Äquator zu Fuß zu umrunden?"*
- Philosophische Fragen: *„Was sind Gefühle?", „Was ist das ICH?", „Kann man das Glücklichsein erlernen?"*
- Psychologische Fragen: *„Warum kann ich nicht Nein sagen?"*
- Nutzwertfragen: *„Brauche ich für meinen Wunschberuf unbedingt Abitur?", „Hat ein Auslandsaufenthalt Vorteile für mich bei der Berufsfindung?"*

Die Erarbeitungsphase verläuft in vier Etappen:

- In Einzelarbeit notiert jeder Schüler einige Fragen, die ihn beschäftigen oder die er schon immer einmal stellen wollte. Dazu dient das Arbeitsblatt „Fragen über Fragen" (S. 23).
- Dann bilden die Schüler Gruppen. In den einzelnen Gruppen (ca. drei Personen) werden die Fragen aus der Einzelarbeit vorgestellt und diskutiert. Natürlich können dabei (mögliche) Antworten erörtert werden. Wichtiger ist jedoch die Bedeutsamkeit der einzelnen Fragen. Die Schüler sollen beschreiben, warum die jeweiligen Fragen für sie von Bedeutung sind und was sie sich von ihrer Beantwortung erhoffen bzw. inwieweit sie die Antworten weiterbringen.
- Schließlich entscheidet sich die Gruppe für zehn Fragen, die ihrer Meinung nach weiterverfolgt werden sollen.
- Die Schüler übertragen die zehn Fragen gruppenweise auf die vorbereiteten Karten.
- Die fertigen Fragekarten werden an die Fragewand geheftet.

Reflexion/Abschluss

ca. 10 Minuten

Die Schüler schauen sich in Ruhe die gesammelten Fragen an. Jeder darf sich eine oder mehrere Fragen aussuchen, die er mitnehmen darf. Diese Fragen kann er Menschen aus seinem Umfeld stellen, recherchieren und sich auf die Suche nach den Antworten machen.
Es wäre schön, wenn sich zum späteren Zeitpunkt die Gelegenheit für die Schüler ergibt, sich über die Frageaktion und die (möglichen) Antworten auszutauschen. Thematisieren Sie zum Schluss der Unterrichtseinheit die Bedeutsamkeit der Fragen an sich und beziehen Sie sich dabei erneut auf den Text „Fragen über Fragen" (S. 22) aus dem Stundeneinstieg.

© kebay – Fotolia.com

Fragen über Fragen

Wie viel? Wo? Wer? Wann? Inwieweit?
Weshalb? Warum? Wobei?
Weswegen? Wie?
Was?
Welche? Wozu? Wen? Wem?
Woher? Wohin? Wieso? Worauf? Wessen?

Die Welt ist voller Fragen.
Quizshows haben auf den Fernsehkanälen Hochsaison.
Millionen sind mit den richtigen Antworten zu verdienen.
In Prüfungen wird Wissen abgefragt und
die Ergebnisse werden benotet.
Richtig oder falsch?!
Oft hängt viel davon ab.

Fragen sind ein wichtiger Teil unseres Lebens.
Fragen begleiten uns Tag für Tag.
Manchmal nerven sie uns.
Aber sie helfen uns auch,
die Welt zu erobern und
viele Zusammenhänge besser zu verstehen.
Sie erweitern unseren Horizont.

Das Leben bleibt spannend,
solange ich noch frage.

Quelle: Thömmes, Arthur: Gott ist ein Rockstar. Populäre Musik im Religionsunterricht, Deutscher Katecheten-Verein: München, 2008

Fragen über Fragen

Wohin? – Warum? – Wann? – Wessen? – Weshalb? – Wieso? – Worauf? – Was?

Fragen haben in eurem Leben eine wichtige Bedeutung. Eure Eltern stellen ständig Fragen und auch in der Schule stehen Fragen immer wieder im Mittelpunkt.

Nun dürft ihr selbst einmal Fragen stellen. Eure Aufgabe besteht darin, euch Fragen zu überlegen. Dabei sollen es vor allem Fragen sein, die euch wichtig sind und auf die ihr gerne eine Antwort hättet.

© kebay – Fotolia.com

- Das können ganz praktische Fragen sein: *„Wohin schreibt man die Adresse auf einem Briefumschlag?"*
- Es können aber auch Wissensfragen sein: *„Wie tief ist der tiefste See der Welt?"*
- Aber auch tiefer gehende philosophische Fragen, auf die selbst Wikipedia keine Antwort weiß, können für euch wichtig sein: *„Warum lebe ich?", „Warum müssen Menschen sterben?"*

Aufgaben

1. **Notiere zunächst in Einzelarbeit deine Fragen auf diesem Blatt.**

   Meine Fragen:

   ....

   ....

   ....

   ....

   ....

   ....

   ....

   ....

2. **Stelle anschließend deine Fragen in der Gruppe vor.**
3. **Diskutiert eure Auswahl in der Gruppe. Entscheidet euch für insgesamt zehn Fragen, die ihr auf vorbereiteten Karten notiert.**
4. **Heftet die Karten an die Fragewand.**

Was mir wichtig ist

Darum geht's

Was ist Jugendlichen heute wichtig? Woran orientieren sie ihr Denken und Handeln? Interessieren sie sich tatsächlich nur für sich selbst und ihr Smartphone? Geht es ihnen nur um ihr eigenes Wohlergehen oder haben sie auch andere Menschen im Blick?
Die in aller Regelmäßigkeit veröffentlichte Jugendstudien formulieren lediglich Trends: Denn DIE Jugend gibt es nicht.
In dieser Unterrichtsstunde geht es darum, zu schauen, was den jungen Menschen in Ihrer Klasse heute wichtig ist – jenseits der gerade gültigen Trends. Also um das, was das Denken und Handeln Ihrer Schüler leitet. Es geht um ihr Wertebewusstsein, ihre Einstellungen und ihre Grundhaltungen. Dazu nähern sich die Schüler zunächst ungezwungen und niederschwellig dem Begriff „Werte" mithilfe eines Wortsalats, um dann anschließend aus einer Liste von Werten („Was mir in meinem Leben wichtig ist …") die für sie bedeutendsten herauszusuchen.
Natürlich begründen die Schüler auch ihre Auswahl und diskutieren sie.

Kompetenzen

Die Schüler …

- verschaffen sich einen Überblick über unterschiedliche Wertvorstellungen.
- entscheiden und begründen, welche Werte für sie persönlich wichtig sind.

Klassenstufe

8–10

Material

- Arbeitsblatt „Wortsalat" (S. 26)
- Lösung „Wortsalat" (S. 27)
- Arbeitsblatt „Was mir in meinem Leben wichtig ist …" (S. 28)

Vorbereitung

Kopieren Sie das Arbeitsblatt „Wortsalat" (S. 26) und das Arbeitsblatt „Was mir in meinem Leben wichtig ist …" (S. 28) für jeden Schüler.
Die Lösung „Wortsalat" (S. 27) ist lediglich für Sie gedacht und muss nicht vervielfältigt werden.

Stundenverlauf

Einstieg

ca. 5 Minuten

Der Unterrichtseinstieg erfolgt über einen Wortsalat, in dem die Schüler Begriffe rund um das Thema „Werte" suchen. Verteilen Sie das Arbeitsblatt und erläutern Sie die Aufgabe: *„In dem Wortsalat befinden sich 20 Wörter, die etwas mit Werten zu tun haben bzw. Werte darstellen. Diese Begriffe sind euch sicherlich bekannt. Vielleicht empfindet ihr aber auch den einen oder anderen Begriff nicht unbedingt als Wert. Wir werden darüber später ins Gespräch kommen."*

Erarbeitung

ca. 25 Minuten

Nachdem die Schüler die auf dem Lösungsblatt angezeigten Begriffe, wie Disziplin, Dankbarkeit, Ehrlichkeit, Respekt oder Zuverlässigkeit gefunden haben, erarbeiten sie deren Bedeutung: Was kennzeichnet diese Werte und welche Bedeutung haben sie für den Einzelnen, aber auch für die Gemeinschaft? Dabei gehen Sie auf den Begriff „Wert" ein und lassen ihn durch die Schüler definieren. – Inwieweit stellen die gefundenen Begriffe gemäß der gefundenen Definition Werte dar? Welche weiteren Werte könnten die gefundenen sinnvoll ergänzen?
Erörtern Sie auch gemeinsam die Frage, warum wir als Einzelpersonen und Gemeinschaft überhaupt Werte brauchen und wozu sie hilfreich sind.
Im nächsten Schritt erhalten die Schüler das Arbeitsblatt „Was mir in meinem Leben wichtig ist …" (S. 28) und bearbeiten dieses in Einzelarbeit.

Sie kennzeichnen die für sie fünf wichtigsten Werte. Im zweiten Schritt wird eine Art „Hitparade der Werte" erstellt, indem Sie die Auswahl der Schüler abfragen und das Ranking an der Tafel dokumentieren.
Kennzeichnen Sie die fünf am häufigsten ausgewählten Werte in der Reihenfolge der Häufigkeit ihrer Nennung an der Tafel.

In einem Unterrichtsgespräch unterhalten Sie sich mit den Schülern über ihre Auswahl (z. B.: *„Warum steht die Gesundheit für euch an erster Stelle?"*). Berücksichtigen Sie dabei aber auch die Werte, die keiner oder kaum ein Schüler gewählt hat (z. B.: *„Ich bin sehr erstaunt, dass eine gesunde Umwelt für euch keine große Bedeutung hat. Erklärt mir das."*).

Reflexion/Abschluss

ca. 15 Minuten

Erläutern Sie den Schülern am Ende der Unterrichtsstunde, dass der Werteschwerpunkt eines Einzelnen oder bestimmter Gruppen Auswirkungen auf das Zusammenleben, aber auch auf die Persönlichkeit des Menschen haben kann. – Umgekehrt hat natürlich die Persönlichkeit auch Auswirkungen auf den Wertekodex eines Einzelnen.
„Wenn z. B. die Zuverlässigkeit für dich keine große Bedeutung hat, wird es für andere schwer sein, sich auf dich zu verlassen. Das kann im Extremfall sogar das Ende einer Freundschaft oder einer beruflichen Anstellung bedeuten."

Am Ende der Unterrichtsstunde können die Schüler erneut einen Blick auf den Wortsalat und das Werteranking werfen und sich einen speziellen Wert heraussuchen, den sie in Gedanken in den Alltag mitnehmen. Die Schüler können im Alltag reflektieren, wann und wo dieser Wert in Erscheinung tritt und welche Bedeutung er hat. Vielleicht ergibt sich darüber sogar ein reflektierendes Gespräch mit Klassenkameraden oder den Eltern.

Definition „Werte":

Werte sind Vorstellungen, Ideen und Maßstäbe, die in einer Gesellschaft als wünschenswert anerkannt sind und den Menschen Orientierung und Halt geben. Sie werden als wichtig und damit wertvoll angesehen. Werte sind in einem ständigen Wandel, da sie von gesellschaftlichen, politischen, wirtschaftlichen und auch persönlichen Veränderungen beeinflusst werden. [...]

Eines aber haben alle [Jugendlichen] gemeinsam: Sie sind auf der Suche nach einem guten und gelingenden Leben. Sie wollen glücklich und zufrieden sein. Sie träumen von einer Zukunft, in der sie ihre persönlichen Wünsche und Ziele verwirklichen können. Dabei müssen sie lernen, mit den gesellschaftlichen und persönlichen Gegebenheiten umzugehen, sich anzupassen und das Beste aus ihrem Leben zu machen. Und das ist nicht immer einfach.

Quelle: Thömmes, Arthur: WERTvoll. Was Jugendlichen wichtig ist, in: K3 – Das Magazin des Kreisjugendring München-Stadt, Schwerpunktthema: Werte, Kreisjugendring München-Stadt im Bayerischen Jugendring: München 2009, S. 14–15

Wortsalat

◎ Aufgabe

Welche Wörter zum Thema „Werte“ findest du in diesem Text? Markiere sie.

G	E	R	E	C	H	T	I	G	K	E	I	T	I	T	I	L	G	F	Y
B	Q	R	P	F	K	J	B	O	B	J	R	S	O	K	N	G	S	R	C
B	L	Z	U	X	V	U	K	L	E	I	S	T	U	N	G	S	Q	T	X
N	O	S	P	A	R	S	A	M	K	E	I	T	S	V	P	V	S	R	Z
M	E	I	Q	Q	A	T	M	E	H	F	E	X	V	U	Ü	P	A	E	K
D	D	U	Y	C	S	E	D	H	V	B	O	R	Z	S	N	P	O	U	E
Z	W	Q	S	W	M	U	O	Z	A	L	R	S	Z	T	K	R	Y	E	C
O	N	U	F	V	V	B	I	U	P	Z	E	D	L	R	T	B	F	Z	Y
P	R	V	K	F	W	M	Q	V	L	W	H	R	T	E	L	D	R	T	W
S	F	S	R	K	K	K	V	E	A	L	R	K	P	W	I	A	E	S	G
K	R	J	P	Q	N	G	M	R	V	O	L	F	U	V	C	N	I	Y	I
V	E	F	S	Y	E	L	Y	L	L	Y	I	T	M	U	H	K	H	J	M
F	U	R	O	D	G	A	S	Ä	L	H	C	U	O	Q	K	B	E	M	V
L	N	B	L	K	U	U	A	S	I	Y	H	W	R	F	E	A	I	F	E
E	D	T	I	S	T	B	U	S	N	Q	K	H	D	B	I	R	T	A	R
I	L	O	D	V	X	E	B	I	U	D	E	G	N	V	T	K	E	U	A
S	I	L	A	A	R	O	E	G	P	I	I	C	U	O	L	E	G	J	N
S	C	E	R	E	O	R	R	K	H	S	T	D	N	O	B	I	Q	R	T
C	H	R	I	Q	I	T	K	E	R	L	U	V	G	D	Y	T	X	C	W
S	K	A	T	D	N	R	E	I	Q	I	Y	M	L	R	E	W	U	N	O
G	E	N	Ä	T	K	T	I	T	G	Q	J	W	V	F	Z	Y	O	V	R
D	I	Z	T	I	W	H	T	A	B	B	H	Q	E	U	C	C	U	V	T
J	T	H	I	L	F	S	B	E	R	E	I	T	S	C	H	A	F	T	U
F	T	F	J	G	J	V	G	X	Y	S	X	I	K	Y	J	G	N	J	N
D	I	S	Z	I	P	L	I	N	L	I	E	B	E	K	D	T	T	N	G

Wortsalat – Lösungsblatt

G	E	R	E	C	H	T	I	G	K	E	I	T	I	T	I	L	G	F	Y
B	Q	R	P	F	K	J	B	O	B	J	R	S	O	K	N	G	S	R	C
B	L	Z	U	X	V	U	K	L	E	I	S	T	U	N	G	S	Q	T	X
N	O	S	P	A	R	S	A	M	K	E	I	T	S	V	P	V	S	R	Z
M	E	I	Q	Q	A	T	M	E	H	F	E	X	V	U	Ü	P	A	E	K
D	D	U	Y	C	S	E	D	H	V	B	O	R	Z	S	N	P	O	U	E
Z	W	Q	S	W	M	U	O	Z	A	L	R	S	Z	T	K	R	Y	E	C
O	N	U	F	V	V	B	I	U	P	Z	E	D	L	R	T	B	F	Z	Y
P	R	V	K	F	W	M	Q	V	L	W	H	R	T	E	L	D	R	T	W
S	F	S	R	K	K	K	V	E	A	L	R	K	P	W	I	A	E	S	G
K	R	J	P	Q	N	G	M	R	V	O	L	F	U	V	C	N	I	Y	I
V	E	F	S	Y	E	L	Y	L	L	Y	I	T	M	U	H	K	H	J	M
F	U	R	O	D	G	A	S	Ä	L	H	C	U	O	Q	K	B	E	M	V
L	N	B	L	K	U	U	A	S	I	Y	H	W	R	F	E	A	I	F	E
E	D	T	I	S	T	B	U	S	N	Q	K	H	D	B	I	R	T	A	R
I	L	O	D	V	X	E	B	I	U	D	E	G	N	V	T	K	E	U	A
S	I	L	A	A	R	O	E	G	P	I	I	C	U	O	L	E	G	J	N
S	C	E	R	E	O	R	R	K	H	S	T	D	N	O	B	I	Q	R	T
C	H	R	I	Q	I	T	K	E	R	L	U	V	G	D	Y	T	X	C	W
S	K	A	T	D	N	R	E	I	Q	I	Y	M	L	R	E	W	U	N	O
G	E	N	Ä	T	K	T	I	T	G	Q	J	W	V	F	Z	Y	O	V	R
D	I	Z	T	I	W	H	T	A	B	B	H	Q	E	U	C	C	U	V	T
J	T	H	I	L	F	S	B	E	R	E	I	T	S	C	H	A	F	T	U
F	T	F	J	G	J	V	G	X	Y	S	X	I	K	Y	J	G	N	J	N
D	I	S	Z	I	P	L	I	N	L	I	E	B	E	K	D	T	T	N	G

Was mir in meinem Leben wichtig ist …

Mir ist wichtig, dass

1. … ich viel Geld verdiene. ☐
2. … ich keine Angst haben muss. ☐
3. … ich gut aussehe. ☐
4. … ich gesund bin. ☐
5. … ich offen meine Meinung sagen kann. ☐
6. … ich Menschen habe, die mir zuhören. ☐
7. … ich einen festen Lebenspartner habe. ☐
8. … ich später eine eigene Familie haben werde. ☐
9. … ich verlässliche und gute Freunde habe. ☐
10. … ich viel Freizeit habe. ☐
11. … ich in einer gesunden Umwelt lebe. ☐
12. … ich gerecht behandelt werde. ☐
14. … ich in unserem Land in Zukunft sicher leben kann. ☐
15. … es Menschen gibt, die mich lieben. ☐
16. … ich so viel Geld habe, dass ich nicht arbeiten muss. ☐
17. … ich glücklich bin. ☐
18. … ich später Kinder haben werde. ☐
19. … ich ein gutes Verhältnis zu meinen Eltern habe. ☐
20. … ich einen Glauben habe, der mein Leben trägt. ☐
21. … die Menschen respektvoll miteinander umgehen. ☐
22. … ich Erfolg habe. ☐
23. … ich etwas ganz Besonderes leiste. ☐
24. … ich die Welt bereisen kann. ☐
25. … wir Menschen freundlich zueinander sind. ☐
26. … ich zufrieden bin mit dem, was ich habe und bin. ☐
27. … ich eine Arbeit habe, die mich erfüllt. ☐
28. … meine Existenz gesichert ist. ☐
29. … sich meine Träume erfüllen werden. ☐
30. … kein Unglück mein Leben verändert. ☐

Aufgaben

1. **Lies dir die einzelnen Punkte zunächst in Einzelarbeit durch.**
2. **Entscheide dich für deine persönlichen fünf Favoriten und markiere sie ihrer Gewichtung nach von 1 (ganz wichtig) bis 5 (letztwichtig) in den Kästchen.**
3. **Erstellt in der Klassengemeinschaft eine Rangordnung eurer Werte.**

Vorbilder: Wer mich beeinflusst

Darum geht's

Sportler werben bei Kindern und Jugendlichen für Fairness und Rapper für Respekt. Denn Kinder und Jugendliche brauchen nicht nur Bezugspersonen, sondern vor allem auch Vorbilder, an denen sie ihre Einstellungen und ihr Verhalten orientieren können. Vorbilder können im besten Fall zu Modellen eines gelingenden und guten Lebens werden. Als Vorbilder können Menschen aus dem nahen Umfeld der Kinder und Jugendlichen fungieren (z. B. Vater, Mutter, Opa, Klassenlehrer). Aber auch Prominente, wie Musiker, Sportler oder Politiker, können zu vorbildhaften Personen werden, an denen sich die Kinder und Jugendlichen orientieren. Sie können Kindern und Jugendlichen Orientierungshilfen bieten und einen Einfluss auf deren konkretes Leben nehmen (z. B.: auf die Haltung, Einstellung, auf das Verhalten oder die Problemlösung).
Vorbilder können die jungen Menschen dabei unterstützen, sich selbst zu finden und angemessen mit ihren Stärken und Schwächen umzugehen.
In dieser Unterrichtsstunde sollen sich die Schüler Gedanken darüber machen, wer sie als Vorbild in ihrem Denken und Handeln beeinflusst und wie dies konkret aussieht. Dabei geht es nicht um die bloße Bewunderung unerreichbarer Idole, sondern um die Betrachtung Einfluss nehmender Personen. Die Schüler blicken dabei nicht nur auf die positiven Vorbilder, sondern ggf. auch auf Menschen, die sie negativ beeinflussen oder beeinflusst haben.

Kompetenzen

Die Schüler …

- benennen, wer ihr Vorbild bzw. Nicht-Vorbild ist.
- drücken aus, welchen Einfluss Vorbilder auf ihre Einstellung und ihr Verhalten haben.

Klassenstufe

5–10

Material

- Arbeitsblatt „Ein Brief meines Vorbildes an mich" (S. 31)
- Zettel in DIN A6 für jeden Schüler mit dem Namen einer prominenten Person (Vorbild)
- Klebeband/Kreppband

Vorbereitung

Kopieren Sie das Arbeitsblatt „Ein Brief meines Vorbildes an mich" (S. 31) für jeden Schüler. Bereiten Sie für jeden Schüler einen Zettel mit dem Namen einer realen oder fiktiven bekannten Person vor: z. B. Politiker, Sportler, Musiker, Schauspieler, Filmheld, Unternehmer etc. Sorgen Sie für ausreichend Bewegungsfreiheit im Raum.

Stundenverlauf

Einstieg

ca. 10 Minuten

Schreiben Sie groß an die Tafel das Wort „VORBILDER". Erläutern Sie die nun folgende Einstiegsübung.
Verteilen Sie an die Schüler nach dem Zufallsprinzip die vorbereiteten Zettel mit den Namen der potenziellen Vorbilder, die sich die Schüler gegenseitig an die Stirn heften. Kein Schüler kennt den ihm zugeordneten Namen und sollte ihn auch nicht beim Anheften zu lesen bekommen. Auf ein Zeichen hin bewegen sich alle Schüler frei im Raum und bleiben nach einem erneuten Signal bei einem beliebigen Mitschüler stehen.
Beide sollen sich nun abwechselnd Fragen stellen, um die jeweilige Person zu erraten, z. B.: *„Bin ich eine Frau?", „Bin ich eine Politikerin?", „Gehöre ich der Partei XY an?", …*
Die Fragen können nur mit „Ja" oder „Nein" beantwortet werden.
Wenn die jeweiligen Personen erraten sind, unterhalten sich die Gesprächspartner darüber, ob und warum die erratene Person ein Vorbild sein kann. Ihre Einschätzung sollten die Schüler einander begründet erläutern.

Vermutlich können nicht alle Personen innerhalb der vorgegebenen Zeit erraten werden. Dass sich die Übung lediglich als Aufwärmübung versteht, ist für den weiteren Verlauf der Stunde jedoch nicht entscheidend.

Problemorientierung

ca. 10 Minuten

In einem anschließend folgenden Brainstorming sollen die Schüler an der Tafel spontan ihre Assoziation zu dem von Ihnen notierten Begriff „VORBILDER" aufschreiben.
Es entsteht sicherlich ein buntes, vielleicht auch widersprüchliches Sammelsurium an Ideen und Vorstellungen. Versuchen Sie anschließend in einem Unterrichtsgespräch, sich gemeinsam mit den Schülern der Definition und Bedeutung von Vorbildern zu nähern.

- *„Was ist ein Vorbild?"*
- *„Wer kann ein Vorbild sein?"*
- *„Wie wird ein Mensch zu einem Vorbild?"*
- *„Welche Eigenschaften sollte ein Vorbild für mich haben?"*
- *„Wie beeinflusst ein Vorbild mein Leben?"*
- *„Kann ich selbst ein Vorbild sein?"*
- …

Dabei sollte auch deutlich werden, dass es nicht nur gute, sondern auch schlechte Vorbilder geben kann. Diese können Menschen negativ in ihrem Denken und Handeln beeinflussen.

Erarbeitung

ca. 20 Minuten

Bei der folgenden Schreibübung „Ein Brief meines Vorbildes an mich" (S. 31) sollen sich die Schüler in die Rolle eines ihrer persönlichen Vorbilder versetzen. Das Vorbild kann wie bei dem Einstiegsspiel eine Person aus der Politik, der Musikszene oder ein Schauspieler sein. Möglich ist aber auch eine Figur aus einem Roman oder einem Film oder auch ein Mensch aus dem eigenen realen Umfeld der Schüler.
Die Schreibübung verlangt von den Schülern einen Perspektivenwechsel. Die Schüler versuchen, sich in die ausgewählte Person hineinzuversetzen und sich vor dem Hintergrund ihrer gegenwärtigen Situation und der speziellen Eigenschaften der Person/der Figur vorzustellen, was sie ihnen in einem persönlichen Brief als Vorbild mitteilen könnte.
Dazu sollen die Schüler zunächst überlegen, wer in ihrem jetzigen Lebensabschnitt als Vorbild unterstützend wirken kann und was das Besondere an diesem Menschen/dieser Figur ist. – Was könnte mir diese Person in meiner jetzigen Situation sagen? Welche ihrer Eigenschaften könnten für mich wegweisend sein?
Die Schüler verfassen den Brief des Vorbildes auf dem Arbeitsblatt und nutzen ggf. ergänzend die Rückseite oder ihr Heft, falls der Platz nicht ausreichen sollte. Es geht bei der Schreibübung jedoch nicht um sprachliche Aspekte oder die Erfüllung der Kriterien eines Briefes als Textsorte, sondern um Reflexion der eigenen Situation und der Übertragung der Eigenschaften eines Vorbildes auf diese.
Sorgen Sie dafür, dass im Klassenraum eine ruhige und angenehme Atmosphäre herrscht. Wenn möglich, können die Schüler sich auch an einen anderen Ort innerhalb der Schule zurückziehen. Die Schreibübung kann zu Hause als Hausaufgabe fortgeführt werden.

Reflexion/Abschluss

ca. 5 Minuten

In einer Blitzlichtrunde formulieren die Schüler kurz, wie es ihnen mit der Übung ergangen ist. Ihre Briefe nehmen die Schüler mit nach Hause. Bei passender Gelegenheit können sie ihnen als Mutmacher dienen.

Ein Brief meines Vorbildes an mich

....

....

....

....

....

....

....

....

....

....

....

....

....

....

....

....

....

....

....

....

Aufgaben

1. **Überlege dir zunächst in aller Ruhe, wer dein wichtigstes Vorbild ist. Überlege auch: Welche positiven Eigenschaften hat dein Vorbild? Schreibe beides stichpunktartig auf.**
2. **Welche Ratschläge könnte dir dein Vorbild in deiner jetzigen Situation mit auf den Weg geben? Schreibe oben einen Brief, indem du aus der Sicht deines Vorbildes diese Ratschläge an dich richtest. (Benutze die Rückseite des Arbeitsblattes, wenn der Platz nicht ausreicht.)**

Gebrauchsanweisung für Gefühle

Darum geht's

Gefühle bestimmen maßgeblich unser Denken und Handeln und beeinflussen unsere Entscheidungen. Im persönlichen Bereich, aber auch im Berufsleben zählt emotionale Intelligenz mittlerweile zu den Schüsselkompetenzen. Dabei geht es darum, seine eigenen Gefühle bewusst wahrzunehmen und klug damit umzugehen, aber auch, sich auf die Emotionen anderer Menschen einzulassen und eine empathische Haltung zu entwickeln. In dieser Unterrichtsstunde sollen sich die Schüler mit unterschiedlichen Gefühlen auseinandersetzen und überlegen und formulieren, wie Gefühle dumm oder klug eingesetzt werden können.

Kompetenzen

Die Schüler …

- werden dafür sensibilisiert, eigene Gefühle wahrzunehmen und klug mit ihnen umzugehen.
- werden dafür sensibilisiert, fremde Gefühle zu erkennen und angemessen auf sie zu reagieren.

Klassenstufe

7–10

Material

- Arbeitsblatt „Ich bin ..." (S. 34)
- Karte in DIN A6 für jede Gruppe sowie weitere Karte für jeden Schüler für die Schlussrunde
- Pinnwand

Vorbereitung

Kopieren Sie das Arbeitsblatt „Ich bin ..." (S. 34) in Klassenstärke und stellen Sie eine Pinnwand bereit.

Stundenverlauf

Einstieg

ca. 10 Minuten

Beginnen Sie die Stunde mit der folgenden Übung:
„Ich möchte euch zu einer kleinen gedanklichen Übung einladen. Schließt dazu zunächst eure Augen. ... Stellt euch nun eine bestimmte Person vor, die ihr kennt. Das kann jemand aus eurer Familie, der Schule, aus der Nachbarschaft oder aus dem Freundeskreis sein. ... Welche Gefühle verbindest du mit dieser Person? Lass die Gefühle, die du für diese Person empfindest, ein wenig auf dich wirken. Halte deine Augen geschlossen und spüre, wie es dir dabei geht, wenn du an diese Person denkst."

Geben Sie nach ca. 3 Minuten ein Zeichen. Die Schüler öffnen wieder vorsichtig ihre Augen. In einer anschließenden Blitzlichtrunde können sie erzählen, was sie auf dieser Gedanken- und Gefühlsreise erlebt haben. Dabei werden sie von unterschiedlichen Gefühlen berichten und darüber, warum bestimmte Personen bestimmte Gefühle in ihnen auslösen. Da die Erlebnisse und Erfahrungen sehr persönlich sind, sollten die Blitzlichtbeiträge auf freiwilliger Basis erfolgen.

Problemorientierung

ca. 15 Minuten

Leiten Sie nun zur nächsten Phase über:
„Ihr habt davon erzählt, dass bestimmte Personen und deren Verhalten bei euch bestimmte Gefühle auslösen. Nicht selten sind es sehr radikale, negative Gefühle, die in uns hervorgerufen werden. Wie geht ihr mit diesen Gefühlen um?"

Die Schüler berichten darüber, ob und wie sie negativen Gefühlen Raum geben und welche Handlungen daraus folgen (z.B. Personen meiden, sich ihnen gegenüber verbal oder körperlich wehren, über die betreffende Person schlecht reden etc.).
Leiten Sie zu einer Bewertung der verschiedenen Verhaltensweisen über → Welche davon sind klug

und ratsam und welche heizen einen Konflikt an und wirken auf die Beziehung weiter negativ ein? Notieren Sie einige Verhaltensweisen, die mit negativen Gefühlen einhergehen, beispielhaft an der Tafel.

„Welche Reaktionen kann es geben, wenn ich wütend auf jemanden bin?
- → *anbrüllen, beschimpfen*
- → *denjenigen „abblitzen" lassen, kontern*
- → *schlagen, sich körperlich wehren*
- → *ignorieren, sich aus dem Weg gehen*
- → *lästern, Gerüchte verbreiten, den anderen in ein schlechtes Licht stellen*
- → *mit anderen darüber reden, andere Meinungen einholen*
- → *ein klärendes Gespräch suchen, nach einer Lösung suchen*
- → *…*

Erörtern Sie mit den Schülern, welche Verhaltensweisen den Konflikt weiter anheizen können und dementsprechend nicht zielführend sind, und überlegen Sie gemeinsam, wie stattdessen „kluge", besonnene und damit ratsame Reaktionen aussehen können.
„Ich könnte z. B. warten, bis sich der erste Ärger gelegt hat, um dann ruhig und vernünftig mit dem Gegenüber zu sprechen und nach einer Lösung des Problems zu suchen."

Erläutern Sie im Anschluss den Schülern das Konzept der „emotionalen Intelligenz" (siehe „Hintergrundwissen").

Erarbeitung

ca. 15 Minuten

Es werden Arbeitsgruppen mit drei bis fünf Schülern gebildet. Die Schüler erhalten das Arbeitsblatt „Ich bin ..." (S. 34), auf dem sich eine Auflistung unterschiedlicher Gefühle befindet. Die Aufgabe besteht darin, sich darüber auszutauschen, wie diese Gefühle erlebt werden. Es geht dann vor allem um die Frage, welches Verhalten dieses Gefühl bei den Schülern individuell auslöst. Besonders deutlich wird die Verhaltensweise, wenn konkrete Erfahrungen diese verdeutlichen. Nach dem Austausch schreiben die Schüler zu jedem Gefühl ihrer Merinung nach ratsame und unratsame Reaktionen/Verhaltensweisen auf.

Die Schüler formulieren dann am Beispiel von zwei Gefühlen kurze Gebrauchsanweisungen (*z. B.: „Wenn du wütend bist, sei klug und gönne deiner Wut ein wenig Ruhe!"*). Die konkreten Verhaltensweisen werden auf vorbereitete Karten geschrieben und an eine Pinnwand geheftet.

Abschluss

ca. 5 Minuten

Die einzelnen Gruppen lesen ihre Ergebnisse vor. Die unterschiedlichen Reaktionen und Ratschläge werden verglichen und diskutiert.
Im Anschluss erhalten die Schüler eine weitere Karte, die „Gefühlskarte", auf der sie ihre persönliche Gebrauchsanweisung zum klugen Umgang mit Gefühlen notieren können.
Beenden Sie die Stunde mit folgenden Worten:
„Die Übung kann euch helfen, immer sicherer zu werden beim Gebrauch eurer Gefühle. Beobachtet dabei auch andere erfolgreiche Menschen, denn von ihnen könnt ihr viel lernen und im Laufe der Zeit eure emotionale Intelligenz weiterentwickeln. Das ist ein wichtiger Schritt auf dem Weg zu einem zufriedenen Leben."

Hintergrundwissen:
Emotionale Intelligenz (EQ)

Als emotionale Intelligenz (abgekürzt: EQ) wird die Fähigkeit bezeichnet, eigene und fremde Gefühle wahrzunehmen, zu deuten und beeinflussen zu können. Der Begriff wurde bekannt durch den Bestseller „EQ. Emotionale Intelligenz" von Daniel Goleman. Eingeführt wurde der Begriff jedoch bereits früher durch die Wissenschaftler John D. Mayer (University of New Hampshire) und Peter Salovey (Yale University) im Jahr 1990. Über einen hohen EQ verfügen Menschen, die die eigenen Gefühle und die anderer Menschen gut wahrnehmen und mit ihnen klug umgehen können.

Oder wenn ein junger Mensch seine Freizeit hauptschächlich nur in seinem Zimmer verbringt, kann dies unter anderem seine Gesundheit beeinflussen."
Daher ist es wichtig, die Lebensbalance immer im Blick zu behalten und alle Bedürfnisse, Aktivitäten und Bereiche im Alltag möglichst im Gleichgewicht zu halten.

Erarbeitung

ca. 25 Minuten

Es werden vier Gruppen gebildet. Jede Gruppe erhält ein Arbeitsblatt mit einem der Lebensbereiche:

1. „Schule und Lernen" (S. 38)
2. „Beziehungen und Freizeit" (S. 39)
3. „Lebensfragen – Zukunft, Werte" (S. 40)
4. „Körper und Gesundheit" (S. 41)

Die einzelnen Gruppen machen zunächst ein kurzes Brainstorming, indem sie alles auf dem Blatt notieren, was ihnen zu dem Bereich einfällt, z. B. zum Bereich „Schule und Lernen": Unterricht, Noten, Langeweile, Frust, Zeugnisse, Wissen, Bildung ...
In der zweiten Arbeitsphase überlegen sich die Schüler, warum dieser Bereich (in ihrem Leben) besonders wichtig ist. Was würde passieren, wenn sie ihn zu wichtig nehmen oder wenn sie ihn vernachlässigen würden?
Anschließend bereiten sie sich auf die folgende Übung vor, bei der sie die anderen Gruppen davon überzeugen sollen, dass ihr Lebensbereich der wichtigste ist. Dazu tragen sie die wichtigsten Argumente, die für ihren Lebensbereich sprechen, stichpunktartig zusammen und verteilen sie unter den Gruppenmitgliedern, sodass möglichst jedes Gruppenmitglied zu Wort kommt. Falls dies aufgrund der Gruppengröße nicht möglich ist, werden mehrere Redner bestimmt.

Bei der Übung stellen sich die vier Gruppen in jeweils eine Ecke des Raumes und versuchen nacheinander, die Vorzüge ihres Lebensbereiches anzupreisen (z. B.: „Die Gesundheit ist die Grundlage meines Lebens! Daher ist es wichtig, sich stets um den Körper und ein gesundes Leben zu kümmern. Das hat Vorrang vor allem anderen.").
Damit die einzelnen Beiträge von allen verstanden werden, sollte dies in geordneter Weise geschehen, d.h. ohne dass die Gruppen einander ins Wort fallen. Geben Sie den Gruppen gleich viel Redezeit und vereinbaren Sie ein Schlusszeichen.

Reflexion/Abschluss

ca. 15 Minuten

In der letzten Unterrichtsphase setzen sich alle Schüler wieder auf ihre Plätze. Versuchen Sie, in einem abschließenden Unterrichtsgespräch die Konsequenz, die sich aus der Übung ergibt, zu erarbeiten. Fragen Sie die Schüler, wie es ihnen bei der Übung ergangen ist und wie die Beiträge der einzelnen Gruppen auf sie gewirkt haben. Gibt es einen Lebensbereich, der Vorrang vor allen anderen hat? –Warum/warum nicht?
Besprechen Sie mit den Schülern, dass trotz gewichtiger Argumente oder der Überzeugungskraft einer der Gruppen keiner der Lebensbereiche den anderen übergeordnet ist, sondern, je nach Lebensphase, mal mehr mal weniger im Fokus steht. Ziel sollte es jedoch sein, möglichst alle vier Bereiche im Gleichgewicht zu halten:
„Stellt euch vor, so wie wir es eben in der Übung erlebt haben, geht es ständig in eurem Leben zu. Die eine Seite von euch will lieber Party machen und Freunde treffen, statt für die Schule zu lernen. Eine Seite will sich vielleicht gesund ernähren und fit sein, während die andere Seite gerne vor dem Fernseher mit Chips abhängt.
Alles hat seine Berechtigung und Zeit. Sich ausgewogen und gesund zu ernähren, ist wichtig, aber auch mal zu genießen, nichts tun zu müssen und abzuhängen, tut gut und ist für das Wohlbefinden wichtig. Die Schule bildet die Grundlage für eure Zukunft; stabile Freundschaften, die ihr in eurer Freizeit pflegt, schaffen wiederum den nötigen Ausgleich … Ihr müsst versuchen, ein Gleichgewicht zwischen den Lebensbereichen herzustellen, sodass keiner davon dauerhaft überhandnimmt und die anderen Bereiche verdrängt. – Doch wie soll das gehen? Habt ihr Ideen, wie es gelingen kann, sich um alle Bereiche gleich gut zu kümmern?"

und ratsam und welche heizen einen Konflikt an und wirken auf die Beziehung weiter negativ ein? Notieren Sie einige Verhaltensweisen, die mit negativen Gefühlen einhergehen, beispielhaft an der Tafel.

„Welche Reaktionen kann es geben, wenn ich wütend auf jemanden bin?
- → *anbrüllen, beschimpfen*
- → *denjenigen „abblitzen" lassen, kontern*
- → *schlagen, sich körperlich wehren*
- → *ignorieren, sich aus dem Weg gehen*
- → *lästern, Gerüchte verbreiten, den anderen in ein schlechtes Licht stellen*
- → *mit anderen darüber reden, andere Meinungen einholen*
- → *ein klärendes Gespräch suchen, nach einer Lösung suchen*
- → *…*

Erörtern Sie mit den Schülern, welche Verhaltensweisen den Konflikt weiter anheizen können und dementsprechend nicht zielführend sind, und überlegen Sie gemeinsam, wie stattdessen „kluge", besonnene und damit ratsame Reaktionen aussehen können.
„Ich könnte z. B. warten, bis sich der erste Ärger gelegt hat, um dann ruhig und vernünftig mit dem Gegenüber zu sprechen und nach einer Lösung des Problems zu suchen."

Erläutern Sie im Anschluss den Schülern das Konzept der „emotionalen Intelligenz" (siehe „Hintergrundwissen").

Erarbeitung

ca. 15 Minuten

Es werden Arbeitsgruppen mit drei bis fünf Schülern gebildet. Die Schüler erhalten das Arbeitsblatt „Ich bin …" (S. 34), auf dem sich eine Auflistung unterschiedlicher Gefühle befindet. Die Aufgabe besteht darin, sich darüber auszutauschen, wie diese Gefühle erlebt werden. Es geht dann vor allem um die Frage, welches Verhalten dieses Gefühl bei den Schülern individuell auslöst. Besonders deutlich wird die Verhaltensweise, wenn konkrete Erfahrungen diese verdeutlichen. Nach dem Austausch schreiben die Schüler zu jedem Gefühl ihrer Merinung nach ratsame und unratsame Reaktionen/Verhaltensweisen auf.

Die Schüler formulieren dann am Beispiel von zwei Gefühlen kurze Gebrauchsanweisungen (*z. B.: „Wenn du wütend bist, sei klug und gönne deiner Wut ein wenig Ruhe!")*. Die konkreten Verhaltensweisen werden auf vorbereitete Karten geschrieben und an eine Pinnwand geheftet.

Abschluss

ca. 5 Minuten

Die einzelnen Gruppen lesen ihre Ergebnisse vor. Die unterschiedlichen Reaktionen und Ratschläge werden verglichen und diskutiert.
Im Anschluss erhalten die Schüler eine weitere Karte, die „Gefühlskarte", auf der sie ihre persönliche Gebrauchsanweisung zum klugen Umgang mit Gefühlen notieren können.
Beenden Sie die Stunde mit folgenden Worten:
„Die Übung kann euch helfen, immer sicherer zu werden beim Gebrauch eurer Gefühle. Beobachtet dabei auch andere erfolgreiche Menschen, denn von ihnen könnt ihr viel lernen und im Laufe der Zeit eure emotionale Intelligenz weiterentwickeln. Das ist ein wichtiger Schritt auf dem Weg zu einem zufriedenen Leben."

Hintergrundwissen:
Emotionale Intelligenz (EQ)

Als emotionale Intelligenz (abgekürzt: EQ) wird die Fähigkeit bezeichnet, eigene und fremde Gefühle wahrzunehmen, zu deuten und beeinflussen zu können. Der Begriff wurde bekannt durch den Bestseller „EQ. Emotionale Intelligenz" von Daniel Goleman. Eingeführt wurde der Begriff jedoch bereits früher durch die Wissenschaftler John D. Mayer (University of New Hampshire) und Peter Salovey (Yale University) im Jahr 1990. Über einen hohen EQ verfügen Menschen, die die eigenen Gefühle und die anderer Menschen gut wahrnehmen und mit ihnen klug umgehen können.

Ich bin …

Gefühl	unratsames Verhalten	ratsames Verhalten
Aggression		
Angst		
Anspannung		
Begeisterung		
Enttäuschung		
Erwartung		
Gereiztheit		
Langeweile		
Neugierde		
Niedergeschlagenheit		
Trauer		
Ungeduld		
Verbitterung		
Verzweiflung		
Wut		
Zorn		

Aufgaben

1. **Unterhaltet euch in der Gruppe über die unterschiedlichen Gefühle und wie es euch dabei jeweils geht. Welche Verhaltensweisen lösen die Gefühle bei euch aus?**
2. **Formuliert zu jedem Gefühl eine ratsame und eine unratsame, z. B. konfliktfördernde Verhaltensweise.**
3. **Einigt euch auf zwei Gefühle, zu denen ihr eine konkrete „Gebrauchsanweisung" formuliert.**

1. Wenn du .... bist, sei klug und ....

2. Wenn du .... bist, sei klug und ....

  ISBN 978-3-8346-3733-8 | www.verlagruhr.de

Leben im Gleichgewicht

Darum geht's

Unser Leben wird von unterschiedlichen Menschen in unterschiedlichen Lebenszusammenhängen und Konstellationen beeinflusst: Familie, Freunde, Schule, Verwandtschaft, Geschwister, Verein usw. prägen uns. Aber auch unser Körper und unsere Gesundheit, die Bildung und unser Denken und Handeln spielen eine wichtige Rolle und wirken auf unser Leben ein.
Wichtig in der Persönlichkeits- und Identitätsbildung junger Menschen ist, eine gesunde Balance zwischen den eigenen Bedürfnissen und denen der Mitmenschen herzustellen und möglichst alle Lebensbereiche im Gleichgewicht zu halten. Das kann helfen, ein gutes und zufriedenes Leben zu führen.
In dieser Unterrichtsstunde sollen die Schüler unterschiedliche Bereiche ihres Lebens genauer betrachten und überlegen, wie ein Gleichgewicht zwischen diesen Bereichen hergestellt werden kann.

Kompetenzen

Die Schüler …

- betrachten zentrale Bereiche ihres Lebens und werden dafür sensibilisiert, zu erkennen, wie sie ein gesundes Gleichgewicht herstellen können.

Klassenstufe

7–10

Material

- Arbeitsblatt „Schule und Lernen" (S. 38)
- Arbeitsblatt „Beziehungen und Freizeit" (S. 39)
- Arbeitsblatt „Lebensfragen – Zukunft, Werte" (S. 40)
- Arbeitsblatt „Körper und Gesundheit" (S. 41)

Vorbereitung

Kopieren Sie die vier Arbeitsblätter „Schule und Lernen" (S. 38), „Beziehungen und Freizeit" (S. 39), „Lebensfragen – Zukunft, Werte" (S. 40), „Körper und Gesundheit" (S. 41) jeweils einmal für jeweils eine Arbeitsgruppe.
Stellen Sie die Stühle und Tische so, dass die Schüler in vier Gruppen arbeiten können.
Schaffen Sie in den vier Ecken des Raumes genügend Platz für eine Übung.

Stundenverlauf

Einstieg

ca. 5 Minuten

Malen Sie eine Waage an die Tafel. Erarbeiten Sie mit den Schülern die Aufgabe einer Waage und wozu sie im Alltag benutzt wird.

Leiten Sie dann zum Thema der Unterrichtsstunde über:
„Wir brauchen in unserem Leben auch ab und zu eine innere Waage, auf die wir unterschiedliche Dinge legen können. Sie kann uns dabei helfen, darauf zu achten, dass manche Dinge in unserem Leben kein Übergewicht erhalten und sich alles möglichst im Gleichgewicht befindet."

Besprechen Sie einige Beispiele, die das verdeutlichen. *„Wenn z. B. ein Mensch in seinem Leben nur Geld und Besitz in den Vordergrund stellt, kann es passieren, dass Freundschaften darunter leiden …*

Oder wenn ein junger Mensch seine Freizeit hauptschächlich nur in seinem Zimmer verbringt, kann dies unter anderem seine Gesundheit beeinflussen."
Daher ist es wichtig, die Lebensbalance immer im Blick zu behalten und alle Bedürfnisse, Aktivitäten und Bereiche im Alltag möglichst im Gleichgewicht zu halten.

Erarbeitung

ca. 25 Minuten

Es werden vier Gruppen gebildet. Jede Gruppe erhält ein Arbeitsblatt mit einem der Lebensbereiche:

1. „Schule und Lernen" (S. 38)
2. „Beziehungen und Freizeit" (S. 39)
3. „Lebensfragen – Zukunft, Werte" (S. 40)
4. „Körper und Gesundheit" (S. 41)

Die einzelnen Gruppen machen zunächst ein kurzes Brainstorming, indem sie alles auf dem Blatt notieren, was ihnen zu dem Bereich einfällt, z. B. zum Bereich „Schule und Lernen": Unterricht, Noten, Langeweile, Frust, Zeugnisse, Wissen, Bildung ...
In der zweiten Arbeitsphase überlegen sich die Schüler, warum dieser Bereich (in ihrem Leben) besonders wichtig ist. Was würde passieren, wenn sie ihn zu wichtig nehmen oder wenn sie ihn vernachlässigen würden?
Anschließend bereiten sie sich auf die folgende Übung vor, bei der sie die anderen Gruppen davon überzeugen sollen, dass ihr Lebensbereich der wichtigste ist. Dazu tragen sie die wichtigsten Argumente, die für ihren Lebensbereich sprechen, stichpunktartig zusammen und verteilen sie unter den Gruppenmitgliedern, sodass möglichst jedes Gruppenmitglied zu Wort kommt. Falls dies aufgrund der Gruppengröße nicht möglich ist, werden mehrere Redner bestimmt.

Bei der Übung stellen sich die vier Gruppen in jeweils eine Ecke des Raumes und versuchen nacheinander, die Vorzüge ihres Lebensbereiches anzupreisen (z. B.: „Die Gesundheit ist die Grundlage meines Lebens! Daher ist es wichtig, sich stets um den Körper und ein gesundes Leben zu kümmern. Das hat Vorrang vor allem anderen.").
Damit die einzelnen Beiträge von allen verstanden werden, sollte dies in geordneter Weise geschehen, d.h. ohne dass die Gruppen einander ins Wort fallen. Geben Sie den Gruppen gleich viel Redezeit und vereinbaren Sie ein Schlusszeichen.

Reflexion/Abschluss

ca. 15 Minuten

In der letzten Unterrichtsphase setzen sich alle Schüler wieder auf ihre Plätze. Versuchen Sie, in einem abschließenden Unterrichtsgespräch die Konsequenz, die sich aus der Übung ergibt, zu erarbeiten. Fragen Sie die Schüler, wie es ihnen bei der Übung ergangen ist und wie die Beiträge der einzelnen Gruppen auf sie gewirkt haben. Gibt es einen Lebensbereich, der Vorrang vor allen anderen hat? –Warum/warum nicht?
Besprechen Sie mit den Schülern, dass trotz gewichtiger Argumente oder der Überzeugungskraft einer der Gruppen keiner der Lebensbereiche den anderen übergeordnet ist, sondern, je nach Lebensphase, mal mehr mal weniger im Fokus steht. Ziel sollte es jedoch sein, möglichst alle vier Bereiche im Gleichgewicht zu halten:
„Stellt euch vor, so wie wir es eben in der Übung erlebt haben, geht es ständig in eurem Leben zu. Die eine Seite von euch will lieber Party machen und Freunde treffen, statt für die Schule zu lernen. Eine Seite will sich vielleicht gesund ernähren und fit sein, während die andere Seite gerne vor dem Fernseher mit Chips abhängt.
Alles hat seine Berechtigung und Zeit. Sich ausgewogen und gesund zu ernähren, ist wichtig, aber auch mal zu genießen, nichts tun zu müssen und abzuhängen, tut gut und ist für das Wohlbefinden wichtig. Die Schule bildet die Grundlage für eure Zukunft; stabile Freundschaften, die ihr in eurer Freizeit pflegt, schaffen wiederum den nötigen Ausgleich … Ihr müsst versuchen, ein Gleichgewicht zwischen den Lebensbereichen herzustellen, sodass keiner davon dauerhaft überhandnimmt und die anderen Bereiche verdrängt. – Doch wie soll das gehen? Habt ihr Ideen, wie es gelingen kann, sich um alle Bereiche gleich gut zu kümmern?"

Sammeln Sie die Vorschläge der Schüler, indem Sie die zentralen Aussagen herausstellen und bekräftigen.
Den Schülern soll bewusst werden, dass es wichtig ist, alle Lebensbereiche ernst zu nehmen. Wenn ein Bereich das Übergewicht erhält, kann dies unter Umständen zu schwerwiegenden Folgen führen.
Es ist eine lebenslange Aufgabe, die Gegensätze und die vielen Anforderungen des Lebens in eine gesunde Balance zu bringen, um zufrieden und ausgeglichen zu sein. Natürlich gibt es aber Lebensphasen, in denen ein Lebensbereich notgedrungen im Vordergrund steht.
Als Schüler füllen Leistung und Lernen einen Großteil meines Tages. Den nötigen Ausgleich zur Kopfarbeit schaffen soziale Kontakte und (z. B.) sportliche Freizeitaktivitäten.

Schule und Lernen

Aufgaben

1. **Notiert in Stichworten, was euch zu dem Lebensbereich „Schule und Lernen“ einfällt.**

2. **Sammelt Argumente, die verdeutlichen, warum dieser Lebensbereich ganz wichtig ist! Überlegt: Was würde passieren, wenn ihr diesen Bereich zu wichtig nehmen oder ihn vernachlässigen würdet?**

3. **Überlegt, welche der Argumente am deutlichsten die Bedeutung des Lebensbereiches herausstellen, und markiert diese.**

 30 x 45 Minuten | Soziales Lernen | © Verlag an der Ruhr | Autor: Arthur Thömmes | Abb.: © blankstock – Fotolia.com | ISBN 978-3-8346-3733-8 | www.verlagruhr.de

Beziehungen und Freizeit

Aufgaben

1. **Notiert in Stichworten, was euch zu dem Lebensbereich „Beziehungen und Freizeit" einfällt.**

2. **Sammelt Argumente, die verdeutlichen, warum dieser Lebensbereich ganz wichtig ist! Überlegt: Was würde passieren, wenn ihr diesen Bereich zu wichtig nehmen oder ihn vernachlässigen würdet?**

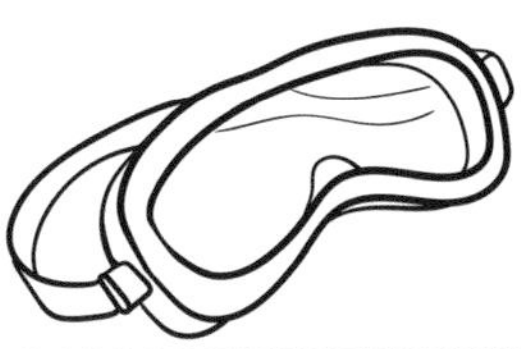

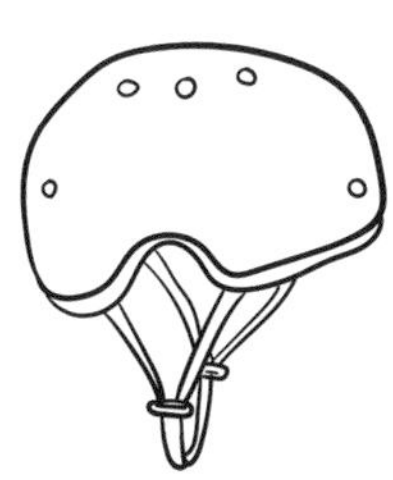

3. **Überlegt, welche der Argumente am deutlichsten die Bedeutung des Lebensbereiches herausstellen, und markiert diese.**

Lebensfragen – Zukunft, Werte

Aufgaben

1. **Notiert in Stichworten, was euch zu dem Lebensbereich „Lebensfragen – Zukunft, Werte" einfällt.**

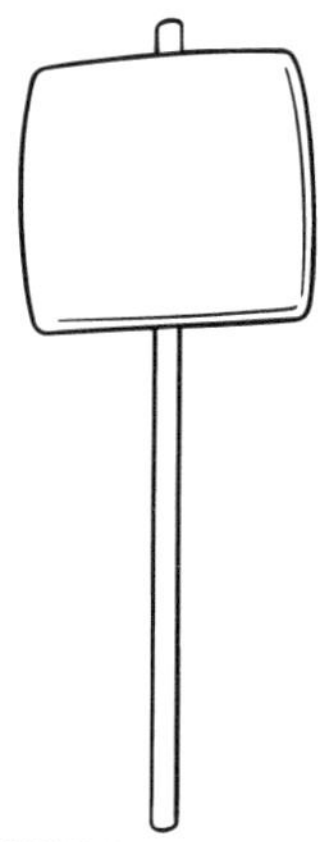

2. **Sammelt Argumente, die verdeutlichen, warum dieser Lebensbereich ganz wichtig ist! Überlegt: Was würde passieren, wenn ihr diesen Bereich zu wichtig nehmen oder ihn vernachlässigen würdet?**

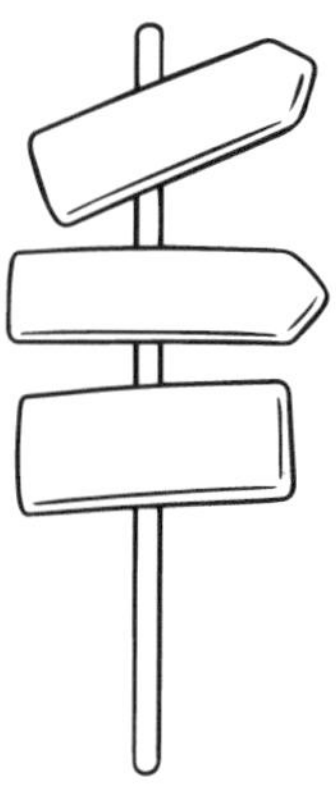

3. **Überlegt, welche der Argumente am deutlichsten die Bedeutung des Lebensbereiches herausstellen, und markiert diese.**

  ISBN 978-3-8346-3733-8 | www.verlagruhr.de

Körper und Gesundheit

Aufgaben

1. Notiert in Stichworten, was euch zu dem Lebensbereich „Körper und Gesundheit“ einfällt.

2. Sammelt Argumente, die verdeutlichen, warum dieser Lebensbereich ganz wichtig ist! Überlegt: Was würde passieren, wenn ihr diesen Bereich zu wichtig nehmen oder ihn vernachlässigen würdet?

3. Überlegt, welche der Argumente am deutlichsten die Bedeutung des Lebensbereiches herausstellen, und markiert diese.

Meine Schätze

Darum geht's

Im Laufe des Lebens sammeln sich viele wertvolle Dinge an, kleine und große Schätze. Wir hängen daran, weil wir etwas damit verbinden.
Zu solchen Schätzen zählen nicht nur materielle Dinge wie ein Smartphone oder ein Kleidungsstück. Es können auch Gefühle oder Erfahrungen sein, ein Song oder ein Film.
Im Mittelpunkt der folgenden Unterrichtsstunde steht eine Schatzkiste, in welche die Schüler ihre Schätze legen können. Sie sollen sich dabei bewusst machen, welche Dinge in ihrem Leben eine wichtige Bedeutung haben.
Dabei geht es um die Erkenntnis, dass jeder Mensch solche wertvollen Dinge besitzt.

Kompetenzen

Die Schüler …

- benennen Dinge, die in ihrem Leben wertvolle Schätze darstellen.
- machen sich bewusst, warum diese Schätze für sie wichtig sind.

Klassenstufe

7–10

Material

- Arbeitsblatt „Meine Schätze" (S. 44)
- Schatzkiste (Karton o. Ä., ca. 30 x 30 x 30 cm groß)
- Schere für jeden Schüler

Vorbereitung

Kopieren Sie das Arbeitsblatt „Meine Schätze" (S. 44) für jeden Schüler. Fertigen Sie eine Schatzkiste nach Ihren Vorstellungen. Dazu können Sie z. B. eine Sammelkiste mit buntem Papier bekleben. Schaffen Sie im Klassenraum genügend Platz für einen Sitzkreis.

Stundenverlauf

Einstieg

ca. 10 Minuten

Setzen Sie sich mit den Schülern in einen Sitzkreis. Stellen Sie die vorbereitete, leere Schatzkiste in die Mitte. Die Schüler werden neugierig sein, was es mit der Kiste auf sich hat. Lassen Sie die Schüler spekulieren und bringen Sie Spannung in das Gespräch:
„Die Kiste sieht sehr rätselhaft aus. Könnt ihr euch vorstellen, was sich darin befindet?"

Öffnen Sie die Kiste nach einigen Wortbeiträgen der Schüler. Die Schüler werden erstaunt sein, dass sie leer ist. Erläutern Sie die Bedeutung der Kiste:
„Es handelt sich um eine Schatzkiste. In einer Schatzkiste bewahrt man besonders wertvolle Dinge auf. Sie sollen für andere Menschen verborgen bleiben und die Kiste soll sie vor Diebstahl schützen. Jeder Mensch besitzt eine solche Schatzkiste. Gemeint ist kein geschmückter Pappkarton oder eine Schatulle aus Holz, sondern eine imaginäre Schatzkiste, die jeder in sich trägt. Darin sind Dinge verborgen, die demjenigen sehr viel bedeuten.

Auch ihr besitzt solche Schatzkisten. Darin kann etwas Materielles und durchaus Wertvolles sein, das für euch eine ganz besondere Bedeutung hat. Das können aber auch vor allem immaterielle Dinge sein wie Erinnerungen, die euch in traurigen Stunden aufmuntern. Oder es sind Menschen, Erfahrungen, Erlebnisse oder Gefühle, ein Song, ein Text, ein Bild oder ein Video. Aber auch der Gedanke an ein Lieblingsgericht, ein Kleidungs- oder Schmuckstück kann ein solcher Schatz sein."

Nennen Sie selbst ein Beispiel: *„Ein ganz besonderer Schatz ist für mich meine Familie, weil sie mir große Freude bereitet und Kraft gibt."*

Auch die Schüler können einige Beispiele nennen.

Erarbeitung

ca. 25 Minuten

Und nun kommt die von Ihnen vorbereitete Schatzkiste konkret ins Spiel. Sie soll im Laufe der Stunde mit allen möglichen Schätzen gefüllt werden. Dazu erhalten die Schüler das Arbeitsblatt „Meine Schätze" (S. 44), auf dem mehrere Vorlagen für „Schatzzettel" abgebildet sind. Die Schüler beschriften diese Zettel in Einzelarbeit mit ihren persönlichen Schätzen und legen diese in die Schatzkiste. Dabei sollen sie sich Zeit nehmen.

Nach der Einzelarbeit setzen sich ca. drei Schüler zusammen und tauschen sich über ihre Schätze aus. Dabei ist es wichtig, dass jeder Schüler entscheidet, was er darüber erzählen will, denn manche Dinge sind sehr persönlich. Das sollte gegenseitig respektiert werden.

Zum Abschluss reflektieren die Kleingruppen die Bedeutung von Schätzen und fassen diese in einem Satz zusammen:
„Schätze sind für jeden Menschen etwas ganz Persönliches. Sie können im Laufe des Lebens bedeutsam werden. In bestimmten Lebensphasen können wir auf unsere Schätze zurückgreifen und sie helfen uns weiter. Sie machen Mut und trösten uns oder erinnern uns an das, was uns wichtig ist im Leben. Versucht, die Bedeutung eurer Schätze in einem Satz zusammenzufassen."

Jede Gruppe schreibt den folgenden Satz zu Ende:
„Ich brauche in meinem Leben Schätze, weil ..."

Reflexion/Abschluss

ca. 10 Minuten

Die einzelnen Gruppen berichten kurz, wie sie die persönliche Auseinandersetzung und das Gruppengespräch erlebt haben. Anschließend lesen sie ihre Sätze vor.

Überlegen Sie zum Abschluss der Unterrichtsstunde, ob die Schatzkiste im Klassenraum verbleiben soll. Sie kann im Laufe des Schuljahres weiter gefüllt werden. Daraus können sich Folgestunden ergeben, in denen die Schüler ihre Einträge reflektieren.

Mögliche Formulierungen zur Bedeutung der Schätze:

„Ich brauche in meinem Leben Schätze, weil ...

- *sie mir dabei helfen, immer wieder Mut zu fassen."*
- *sie mir zeigen, was mir wirklich wichtig ist."*
- *sie mich daran erinnern, wer ich bin."*
- *sie mich daran erinnern, was ich noch erreichen möchte."*
- …

Meine Schätze

© goir – Fotolia.com

© goir – Fotolia.com

© goir – Fotolia.com

Aufgaben

1. **Überlege allein, was die Schätze deines Lebens sind.**
2. **Notiere jeweils einen Schatz auf den oben vorgegebenen Zetteln. Schneide die Zettel aus.**
3. **Tauscht euch in Kleingruppen über eure persönlichen Schätze und deren Bedeutung für euer Leben aus.**
4. **Formuliert den folgenden Satz gemeinsam zu Ende:**

„Ich brauche in meinem Leben Schätze, weil …“ ....

....

....

  | Autor: Arthur Thömmes | ISBN 978-3-8346-3733-8 | www.verlagruhr.de

… und du

Mein Beziehungsnetzwerk

Darum geht's

Ich lebe nicht allein auf dieser Welt. Ich habe Beziehungen zu vielen Menschen: zu meiner Familie, zu weiteren Verwandten, Nachbarn und Freunden, zu Schulfreunden, Lehrern oder auch sogar zu der Verkäuferin in der Bäckerei.
Diese Beziehungen haben eine unterschiedliche Intensität. Manche sind ganz oberflächlich, andere sehr intensiv.
Die Schüler sollen sich im Laufe der folgenden Unterrichtsstunde ihr persönliches Beziehungsnetzwerk bewusst machen. Dies tun sie nicht nur in Gedanken, sondern ganz anschaulich, indem sie das Netzwerk visualisieren.
Am Ende der Stunde sollte beim Blick auf das Ergebnis die Erkenntnis stehen, dass niemand allein ist, sondern dass es viele Menschen gibt, zu denen wir in Beziehung stehen.

Kompetenzen

Die Schüler …

- denken über ihr persönliches Beziehungsnetzwerk nach und visualisieren dieses.
- erkennen, dass sie nicht allein sind.

Klassenstufe

5–10

Material

- Papierbögen in DIN A3 mind. in Klassenstärke
- Papierbögen in DIN A4 oder kleiner mind. in Klassenstärke
- Buntstifte oder bunte Filzstifte für jeden Schüler
- Befestigungsmaterial (Magnete, Kreppband o. Ä.)

Vorbereitung

Halten Sie für jeden Schüler ein DIN-A3-Blatt Papier bereit sowie weitere Papierbögen in kleinerem Format als Konzeptpapier, weiterhin Befestigungsmaterial für die Plakate (je nach Untergrund Magnete, Kreppband o. Ä.).

Stundenverlauf

Einstieg

ca. 10 Minuten

Erläutern Sie den Schülern, dass wir Menschen in unserem Leben unterschiedliche Beziehungen zu sehr unterschiedlichen Menschen haben.
„Wir haben zunächst eine Familie mit den Eltern und Geschwistern, den Großeltern, den Tanten und Onkeln, den Cousins und Cousinen. Aber da sind noch viel mehr Menschen, zu denen wir in einer Beziehung stehen."

Lassen Sie die Schüler einige Beispiele nennen und verdeutlichen Sie, dass diese Beziehungen eine sehr unterschiedliche Intensität aufweisen.
„Manche Beziehungen sind sehr eng, andere eher oberflächlich. Manche Menschen sieht man jeden Tag, andere ganz selten."

Verdeutlichen Sie diese Intensität mit den Beziehungen innerhalb der Klassengemeinschaft. Dazu soll sich ein Schüler freiwillig in die Mitte bzw. vor die Kasse stellen. Er kann nun einige Mitschüler aufrufen und diese näher oder weiter von sich weg positionieren, um so die Intensität der Beziehungen zu verdeutlichen.
Diese Aufstellung ist eine sehr persönliche Sache (und kann ggf. zu Konflikten in der Klassengemeinschaft führen). Daher können die Schüler, die das Beziehungsnetzwerk darstellen, auch stellvertretend für das Beziehungsnetzwerk des Schülers außerhalb der Klassengemeinschaft stehen (z. B. als Eltern, Geschwister, Nachbarn, Freunde, Sportkollegen etc).

Erarbeitung

ca. 20 Minuten

Erläutern Sie den Schülern an der Tafel die nun folgende Aufgabe. Malen Sie dazu zunächst einen kleinen Kreis in die Mitte und schreiben Sie „ICH" hinein. In geringem Abstand malen Sie dann andere Kreise, in die Sie die Namen Ihrer Familienmitglieder schreiben.
Malen Sie weitere Kreise und erläutern Sie, dass der Abstand zur Mitte die Intensität der Beziehung verdeutlichen soll. Symbole können das Beziehungsnetzwerk ggf. noch anschaulicher machen. Verteilen Sie die DIN-A3-Blätter an die Schüler, die sie mit „Mein Beziehungsnetzwerk" betiteln sollen.
„Ihr erhaltet nun ein großes Blatt Papier, auf dem ihr ähnlich wie ich vorgehen könnt. Lasst euch Zeit dazu und überlegt genau. Ihr könnt euch zur besseren Planung zuerst eine Liste mit Namen erstellen und sie dann sortieren. Dann erst tragt ihr die Namen auf eurem Blatt ein. Ich wünsche euch viel Spaß bei eurer Entdeckungsreise."

Ältere Schüler können eine Ergänzungsaufgabe erhalten. Sie können zusätzlich ein Stichwort dazuschreiben, das das Besondere der Person oder der Beziehung ausmacht.
Oder sie verdeutlichen mit Strichen, zwischen welchen Personen es ebenfalls Kontakte gibt.
Die Schüler erstellen nun in Ruhe ihr Beziehungsnetzwerk.

Reflexion/Abschluss

ca. 15 Minuten

Die Schüler befestigen ihre Netzwerke an einer Wand oder Stellwand. Alle können nun einen Rundgang unternehmen und auf Entdeckungsreise gehen.
Im Anschluss reflektieren die Schüler, wie sie ihre Aufgabe erlebt haben und was ihnen beim Rundgang aufgefallen ist. Sie können dies in Form einer abschließenden Erkenntnis ausdrücken. Diese Erkenntnisse werden von Ihnen notiert und ebenfalls befestigt, z. B.:

- *„Ein gutes und intensives Beziehungsnetzwerk kann das Leben angenehmer und manchmal sogar einfacher machen."*
- *„Es ist wichtig, sich viel Mühe zu geben, um die Beziehungen zu pflegen."*
- *„Es ist gut, zu sehen, dass es außerhalb meiner Familie noch mehr Menschen um mich herum gibt, an die ich mich wenden kann."*
- *„Ich bin nie allein; es ist immer jemand da, den ich notfalls um Rat oder Hilfe bitten kann."*
- *„Ich kann innerhalb meines Beziehungsnetzwerkes Personen näher an mich heranrücken lassen."*

Wahre Freundschaft

Darum geht's

Das Wort „Freundschaft" hat in Zeiten sozialer Netzwerke einen Bedeutungswandel erhalten. Der Freundschaftsbegriff umfasst nicht mehr ausschließlich stabile freundschaftliche Beziehungen, sondern auch lockere, zumeist virtuell gepflegte Kontakte. In dieser Unterrichtsstunde können die Schüler ihr eigenes Verständnis von Freundschaft betrachten und überdenken. Das tun sie ganz konkret, indem sie über ihre Freundschaften (in sozialen Netzwerken) nachdenken. In einem Freundschaftsparcours setzen sie sich anschließend mit unterschiedlichen Themen und Aufgaben auseinander und entfalten auf diese Weise intensiv das Thema Freundschaft. Dabei geht es vor allem darum, wirkliche Freundschaften und ihre Bedeutung für das Leben zu erschließen.

Kompetenzen

Die Schüler …

- reflektieren ihre Freundschaften in sozialen Netzwerken und bewerten diese.
- setzen sich mit verschiedenen Fragen und Aufgaben zum Thema Freundschaft auseinander.
- vertiefen und erweitern ihr Verständnis von Freundschaft.

Klassenstufe

7–10

Material

- Materialblatt „Parcours ‚Wahre Freundschaft'" (S. 51)
- Schreibpapier für die Arbeitsstationen 1–5
- Papierbögen in DIN A3 für die Arbeitsstation 6
- Buntstifte für diverse Arbeitsstationen
- Bildersammlung (ausgedruckt bzw. aus Zeitschriften ausgeschnitten) zum Thema Freundschaft für die Arbeitsstation 6 („So sieht Freundschaft aus")

Vorbereitung

Bereiten Sie den Freundschaftsparcours entsprechend den Aufgaben des Materialblattes „Parcours ‚Wahre Freundschaft'" (S. 51) vor, indem Sie die Aufgaben evtl. vergrößert kopieren, ausschneiden und das benötigte Material bereitstellen. Alternativ können Sie im Vorfeld einzelne Schüler beauftragen, jeweils eine Station vorzubereiten.
Stellen Sie die Tische für den Parcours auf und achten Sie auf genügend Bewegungsfreiheit im Klassenraum.

Stundenverlauf

Einstieg

ca. 10 Minuten

Als Einstiegsimpuls präsentieren Sie (falls möglich) eine Facebook-Seite mit einer hohen Anzahl an Freunden und lassen die Schüler diese kommentieren. Thematisieren Sie in einem Unterrichtsgespräch die Bedeutung von Freunden in sozialen Netzwerken. Dazu können die folgenden Fragen dienen:

- → *„Wie viele Freunde hast du auf Facebook?"*
- → *„Welche sozialen Netzwerke nutzt du außerdem?"*
- → *„Wie viele deiner Freunde aus den sozialen Netzwerken triffst du auch im realen Leben (regelmäßig)?"*
- → *„Woran liegt es, dass du sie regelmäßig/nicht regelmäßig siehst?"*
- → *„Wie viele Freundschaftsanfragen bekommst du im Schnitt monatlich?"*
- → *„Welche Freundschaftsanfragen nimmst du an?"*
- → *„An wen verschickst du Freundschaftsanfragen?"*
- → *„Was würdest du an deinen Facebook-Freundschaften vermissen, sollten sie nicht mehr da sein?"*
- → *„Was ist insgesamt positiv/negativ an den Freundschaften in sozialen Netzwerken?"*
- → *„Könntest du dir vorstelllen, deine Freundschaften, die du in sozialen Netzwerken hast,*

auch ganz analog zu pflegen – also deinen Freunden Briefe zu schreiben, mit ihnen zu telefonieren und sie zu treffen?"/„Was würde funktionieren, was nicht?"/„Was würde sich ändern?"

Da davon auszugehen ist, dass die Mehrzahl der Schüler auf Facebook und in anderen sozialen Netzwerken vertreten ist, wird vermutlich ein lebhaftes Gespräch darüber entstehen, welche Vorteile, Nachteile, Möglichkeiten und Grenzen die virtuelle Pflege von Freundschaften und Bekanntschaften hat.
Das Gespräch mündet schließlich in der Fragestellung: *„Was ist ‚wahre Freundschaft'"*?
Schreiben Sie diese Frage an die Tafel.

Erarbeitung

ca. 25 Minuten

Erläutern Sie den Schülern den weiteren Unterrichtsverlauf:
*„Wir werden nun dieser Frage auf die Spur gehen und versuchen, Antworten oder Hinweise zu finden, was ‚wahre Freundschaft' ausmacht. In einem Freundschaftsparcours werdet ihr euch der Frage stellen, was eine authentische und wirkliche Freundschaft ausmacht.
Dazu bearbeitet ihr verschiedene Aufgaben."*

1. **Freundschafts-ABC:**
   „Versucht, möglichst viele Begriffe zu finden, die etwas über Freundschaft aussagen (z. B.: Vertrauen, Freizeit)."

2. **Ein Brief an meinen besten Freund bzw. meine beste Freundin:**
   „Formuliert einen Brief, in dem ihr ausdrückt, warum der Freund/die Freundin euch so wichtig ist und was ihr an ihm/ihr besonders schätzt."

3. **Wie pflege ich meine Freundschaften?**
   „Hierzu könnt ihr in Form einer Aufzählung (bitte in vollständigen Sätzen) auflisten, wie ihr konkret eure Freundschaften pflegt."

4. **Enttäuschte Freundschaft:**
   „Bei dieser Aufgabe schreibt ihr ein kurzes Gedicht über einen Freund/eine Freundin, der/die euch entäuscht hat, und wie ihr euch dabei gefühlt habt."

5. **Der ultimative Freundschaftstest:**
   *„Überlegt euch Testfragen und Antworten zum Ankreuzen für den ‚ultimativen Freundschaftstest' z. B.:
   ‚Wie verhältst du dich, wenn ein Freund dich mitten in der Nacht anruft, um mit dir zu reden?'
   Antwortmöglichkeiten:*
   a) *Ich sage ihm, dass er spinnt, und lege auf.*
   b) *Ich sage ihm, dass ich jetzt zu müde bin, um zu reden, und er mir alles irgendwann mal in Ruhe erzählen kann.*
   c) *Ich frage, warum er anruft, höre zu und vereinbare einen Zeitpunkt, an dem wir in Ruhe ausgeschlafen über alles sprechen können."*

6. **So sieht Freundschaft aus:**
   „Sucht einige Bilder aus, die ausdrücken, was Freundschaft ist, und erstellt eine Collage".

Die Schüler können sich nun auf den Weg machen und sich innerhalb einer vereinbarten Zeit an den einzelnen Stationen des Parcours mit den Aufgaben auseinandersetzen. Dabei entscheiden Sie, ob es eine festgelegte Anzahl an Aufgaben gibt, die die Schüler bearbeiten müssen, oder ob sie frei entscheiden können. Weiterhin bestimmen Sie die Sozialform. So lässt sich z. B. der „ultimative Freundschaftstest" sehr schön in Partnerarbeit entwickeln. Ggf. kann auch jemand die gesamte Zeit mit einer einzigen Aufgabe verbringen.
Je nachdem, wie Sie den Parcours ausgestalten, werden weitere Unterrichtseinheiten nötig sein, um die Aufgabe(n) zu vollenden.

Reflexion/Abschluss

ca. 10 Minuten

Wichtig beim Durchlaufen des Parcours ist die persönliche Auseinandersetzung mit dem Thema Freundschaft. Es geht nicht darum, eine möglichst schöne Präsentation abzuliefern. So wird die Abschlussphase als Reflexion gestaltet und weniger als inhaltliche Präsentation der Ergebnisse. Dabei können die folgenden Leitfragen hilfreich sein:

- *„Wie habe ich mich bei der Beschäftigung mit dem Thema Freundschaft gefühlt? Welche Gedanken gingen mir durch den Kopf?"*
- *„Was habe ich dabei über das Thema Freundschaft gelernt?"*
- *„Was ist mir persönlich als Erkenntnis für meine Freundschaften deutlich geworden?"*
- *„Hat sich mein Blick auf meine Freundschaften – z. B. die in sozialen Netzwerken – geändert?"*
- *„Was will ich in Bezug auf Freundschaft vielleicht demnächst anders machen?"*
- *„Wie sehe ich mich als Freund? Hat sich nach dem Parcours daran etwas geändert?"*

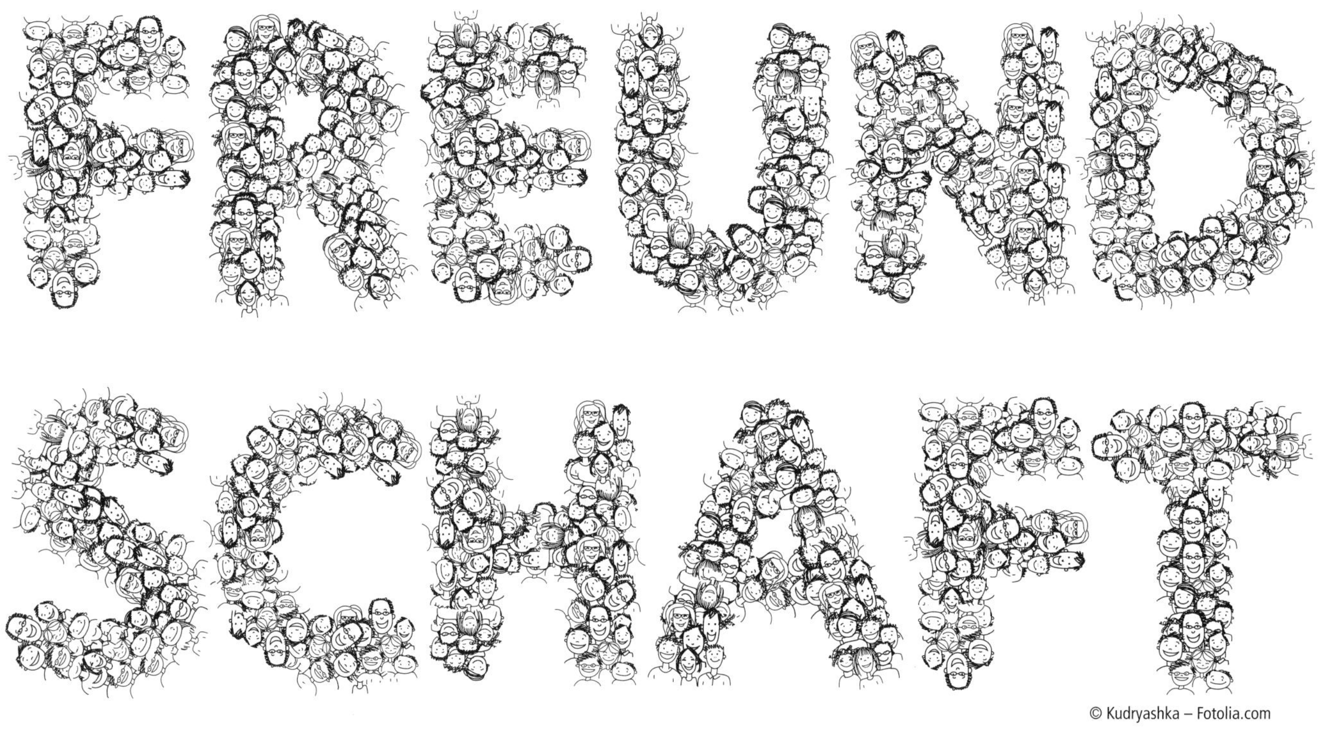

Parcours „Wahre Freundschaft"

1. Freundschafts-ABC:

Schreibe das Alphabet senkrecht von A bis Z auf. Lasse unter jedem Buchstaben einige Zeilen frei. Du kannst die Buchstaben des Alphabets auch farbig und grafisch kunstvoll ausgestalten. Finde zu jedem Buchstaben möglichst viele Begriffe, die etwas über Freundschaft aussagen (z. B.: **A**nteilnahme, **F**reizeit, **S**ympathie, **V**ertrauen.)

2. Ein Brief an meinen besten Freund bzw. meine beste Freundin:

Formuliere einen persönlichen Brief an deinen besten Freund/deine beste Freundin und drücke darin aus, warum der Freund/die Freudin dir so wichtig ist und was du an ihm/ihr besonders schätzst.

3. Wie pflege ich meine Freundschaften?

Erstelle eine Aufzählung und liste darin (in vollständigen Sätzen) auf, wie du konkret deine Freundschaften pflegst.

4. Enttäuschte Freundschaft:

Schreibe ein kurzes Gedicht über einen Freund/eine Freundin, der/die dich entäuscht hat. Drücke in dem Gedicht aus, wie du dich dabei gefühlt hast.

5. Der ultimative Freundschaftstest:

Überlege dir sieben bis zehn Testfragen und Antworten zum Ankreuzen für einen ultimativen Freundschaftstest (z. B.: Wie verhältst du dich, wenn ein Freund dich mitten in der Nacht anruft, um mit dir zu reden?).

Überlege auch, welche der Antworten eine gute Freundschaft belegen, und versieh sie mit einer entsprechenden Punktzahl.
Nimm eine Auswertung vor, z. B.:

0–5 Punkte = Auf so einen Freund kannst du getrost verzichten. Er denkt vozugsweise an sich, aber nicht an eure Freundschaft.

6–10 Punkte = Diese Freundschaft ist noch sehr ausbaufähig. Zwar kannst du mit deinem Freund einiges unternehmen, aber wenn es ans Eingemachte geht, ist er nicht immer für dich da.

usw.

6. So sieht Freundschaft aus:

Wähle Bilder aus, die ausdrücken, was Freundschaft ist, und gestalte eine Collage. Du kannst deine Collage auch noch grafisch ausgestalten und eigene Bildelemente (Zeichnungen, Symbole etc.) einfügen.

Die Kunst des Liebens

Darum geht's

Liebe ist eines der zentralen Gefühle und eine Grundlage unseres Lebens. Manche Menschen gehen darin auf und versprühen Liebe nicht nur in Liebesbeziehungen, sondern generell im Umgang mit ihren Mitmenschen; andere wehren sich gegen dieses Gefühl und sehen darin eher Gefühlsduselei. Die Liebe ist Thema unzähliger Romane und Lieder, sie inspirierte Filmemacher und Maler. Doch was ist die Liebe überhaupt und warum ist sie so wichtig für unser Leben?
In dieser Stunde machen sich die Schüler auf eine Erkundungsreise, um der Liebe in ihren vielfältigen Ausprägungen auf die Spur zu kommen. Oft wird das Thema Liebe auch zerredet. Daher soll in dieser Unterrichtsstunde nur am Anfang und am Schluss kurz geredet werden. In der gesamten Stunde kommunizieren die Schüler auf dem Papier.

Kompetenzen

Die Schüler …

- erkunden die verschiedenen Formen der Liebe.
- unternehmen den Versuch, die Bedeutung und das Geheimnis der Liebe für das Leben der Menschen zu verstehen.

Klassenstufe

8–10

Material

- 7 beschriftete Plakate in DIN A1 mit den Aufschriften: „Selbstliebe", „Nächstenliebe", „Mutterliebe", „Gottesliebe", „Feindesliebe", „erotische Liebe", „platonische Liebe"
- Materialblatt „Placemat-Vorlage ‚Die Liebe ist …'" (S. 54) in DIN A3
- Buntstifte
- ggf. passende, ruhige Musik und ein Abspielgerät
- ggf. Smartphones der Schüler

Vorbereitung

Stellen Sie sieben Tische so auf, dass die Schüler von Tisch zu Tisch gehen können, um daran zu arbeiten. Beschriften Sie sieben Plakate in DIN A1 mit den Begriffen „Selbstliebe", „Nächstenliebe", „Mutterliebe", „Gottesliebe", „Feindesliebe", „erotische Liebe", „platonische Liebe" und verteilen Sie diese auf den Tischen. Legen Sie Buntstifte dazu.
Kopieren Sie das Materialblatt „Placemat-Vorlage ‚Die Liebe ist …'" (S. 54) auf DIN-A3-Format für die Gruppenarbeit in der benötigten Anzahl.

Stundenverlauf

Einstieg

ca. 5 Minuten

Leiten Sie die folgende Stunde ein:
„Wir wollen uns heute mit einem der wichtigsten Gefühle und Themen beschäftigen: der Liebe. Dazu möchte ich mit euch eine besondere Stunde gestalten, in der wir nicht laut miteinander reden, sondern uns nur schriftlich verständigen.
Wir schreiben unsere Gedanken und Ideen auf und kommen miteinander in ein stilles Gespräch über die Liebe. Der Grund dafür ist, dass dieses starke Gefühl zum Teil sehr unterschiedlich und widersprüchlich aufgefasst wird, oft mit Begleitgefühlen wie Scham und Peinlichkeit daherkommt und natürlich auch mit sehr viel Intimität verbunden ist, dass es manchmal schwierig ist, darüber offen zu sprechen."

Erarbeitung

ca. 30 Minuten

Erläutern Sie den Schülern die beiden Aufgaben der Stunde und klären Sie dabei Fragen und Unklarheiten.

1. Aufgabe:
Es liegen sieben Plakate aus, auf denen sieben Formen der Liebe benannt sind:

- Selbstliebe
- Nächstenliebe
- Mutterliebe
- Gottesliebe
- Feindesliebe
- erotische Liebe
- platonische Liebe

Die Aufgabe besteht darin, auf den Plakaten Gedanken, Ideen und Fragen zu notieren. Die Schüler gehen dabei von Tisch zu Tisch und schreiben alles auf, was ihnen zu dem jeweiligen Begriff einfällt. Durch bunte Stifte, aber auch durch Symbole oder Emojis können die Einträge der Schüler von den Mitschülern kommentiert und weitergeführt werden.

2. Aufgabe:
Im zweiten Teil werden 4er-Gruppen gebildet. Die Schüler führen in diesen Gruppen ihre Ideen und Gedanken in Form eines Placemat weiter und bündeln sie, angeleitet durch diese Methode. Dabei ist das Gespräch strukturierter als das vorhergehende Schreibgespräch. Es geht um die Erkenntnis und die Frage, was die Liebe überhaupt ist. Dazu schreibt jeder Gruppenteilnehmer zunächst seine Gedanken auf seine Blattseite. Dann wird das Blatt im Uhrzeigersinn gedreht, sodass jeder den Beitrag seines Nachbarn lesen und kommentieren kann. Die Schüler sprechen während dieser Aufgabe nicht miteinander. Nach mehreren Runden einigen sich die Gesprächsteilnehmer auf eine Formulierung in der Mitte des Blattes *(„Die Liebe ist …")*. Dabei darf wieder geredet werden.

Die Arbeit verläuft in Stille, evtl. kann aber im Hintergrund leise Musik abgespielt werden. Um die unterschiedlichen Formen der Liebe thematisch zu erkunden, ist es auch sinnvoll, wenn die Schüler zur Recherche (!) ihr Smartphone nutzen können.

Reflexion/Abschluss

ca. 10 Minuten

Fassen Sie das Ergebnis der Stunde zusammen: *„Ihr habt euch die vergangenen 30 Minuten lang auf das Geheimnis der Liebe eingelassen. Welche Erkenntnisse, Überraschungen, Widersprüche, Neuigkeiten, … sind euch dabei begegnet?"*

Zum Abschluss tragen die Gruppen ihre Erkenntnisse in Form des erarbeiteten Satzes *„Die Liebe ist …"* vor.

Lesen Sie den Schülern am Ende der Stunde den kurzen Text des Augustinus vor, der in die Aufforderung „Liebe und tu, was du willst!" mündet. Diesen Satz können Sie den Schülern auch als Denkzettel (siehe S. 7) mit auf den Weg geben.

> „Ein für alle Mal schreibt dir darum ein kurzes Gebot Folgendes vor: **Liebe und tu, was du willst!** Wenn du schweigst, schweige aus Liebe; sprichst du, so sprich aus Liebe; wenn du tadelst, tadle aus Liebe; wenn du verzeihst, verzeih aus Liebe. Die Wurzel der Liebe soll das Innerste deines Herzens sein: Aus dieser Wurzel kann nichts als Gutes hervorkommen."
>
> Augustinus (395–430 n. Chr.)
>
> *Quelle: Gott ist die Liebe (In epistulam Joannis). Die Predigten des Heiligen Augustinus über den 1. Johannesbrief. Übersetzt und eingeleitet von Dr. Fritz Hofmann, Verlag Herder: Freiburg, 3. Auflage 1954, Traktat VII, 8*

Wenn sich einzelne Schüler für eine Vertiefung des Themas interessieren, kann die folgende Literaturempfehlung hilfreich sein:
Fromm, Erich: Die Kunst des Liebens, Ullstein Verlag: Berlin 2005.

Placemat-Vorlage „Die Liebe ist …"

Begegnungen

Darum geht's

Unsere Schüler begegnen täglich vielen Menschen: am Frühstückstisch, auf dem Weg in die Schule, in der Schule, in der Freizeit usw. Bereits der erste Eindruck hat eine enorme Wirkung auf den Verlauf der Begegnung. Er bewirkt Interesse, Gleichgültigkeit oder Ablehnung. Dementsprechend ist es wichtig, dass wir uns bewusst machen, wie wir auf andere Menschen wirken und welche Konsequenzen deren Auftreten auf uns hat. Die folgende Unterrichtsstunde hat dies zum Thema und wird als spielerische Selbsterfahrung gestaltet. Dabei sind die Schüler in Bewegung und entwickeln eine aufmerksame Haltung gegenüber den Menschen, die ihnen begegnen.

Kompetenzen

Die Schüler …

- setzen sich mit der Wirkung von Körpersprache auseinander.
- erkennen die Wirkung, die andere Menschen auf sie haben, und deuten diese.
- erkunden ihre eigene Wirkung auf andere Menschen und korrigieren ihr Verhalten entsprechend.

Klassenstufe

5–10

Material

- Folienvorlage „Die Wirkung der Mimik" (S. 57)
- Flipchart und Flipchart-Papier
- Filzschreiber
- ggf. Beamer oder Overheadprojektor

Vorbereitung

Halten Sie die beiden Fotos der Folienvorlage „Die Wirkung der Mimik" (S. 57) bereit. Erstellen Sie von der Folienvorlage eine Präsentationsvorlage (für den Beamer oder wahlweise Overheadprojektor) oder fertigen Sie vergrößerte Kopien der beiden Fotos zum Zeigen an.

Bereiten Sie den Klassenraum so vor, dass genügend Raum für Bewegung vorhanden ist. Dazu sollten die Tische an den Rand des Raumes gestellt werden. Die Stühle können griffbereit bleiben. Stellen Sie das Flipchart bereit.

Stundenverlauf

Einstieg

ca. 10 Minuten

Die Schüler schauen sich die zwei unterschiedlichen Gesichter auf der Folienvorlage „Die Wirkung der Mimik" (S. 57) an: Die erste Person lacht freundlich, die zweite schaut mürrisch und abweisend aus. Die Schüler versuchen, auszudrücken, wie es den Personen geht und was sie mit ihrem Gesicht ausdrücken wollen. Dazu versetzen sie sich in die Person und sprechen in der Ich-Form:
„Ich bin heute gut drauf!",
„Lasst mich in Ruhe!"

Leiten Sie zum Thema der Stunde über:
„Stellt euch vor, ihr begegnet den beiden Personen im realen Leben. Wie würdet ihr euch verhalten?"

Die Schüler erkennen die Wirkung, die die Mimik bei Begegnungen mit Menschen hat.

Erarbeitung

ca. 25 Minuten

Laden Sie die Schüler ein, sich bei der nun folgenden Übung frei im Raum zu bewegen. Erläutern Sie den Schülern, dass es bei dieser Übung um Mimik und Gestik geht, die sie ausdrücken können. Alle gehen ruhig, locker und denoch konzentriert im Raum umher. Keiner spricht. Im Gehen begegnen die Schüler anderen Menschen (= Mitschülern).
Ihre Anweisungen für die Begegnungen können folgendermaßen lauten:

- *„Lache die Menschen bei der Begegnung freundlich an!"*
- *„Blicke auf die andere Seite!"*
- *„Verbeuge dich ehrerbietig!"*
- *„Winke dem anderen freundlich zu!"*
- *„Schaue die Menschen wütend an!"*
- *„Senke den Blick nach dem ersten Blickkontakt!"*
- *„Schaue den Menschen liebevoll an!"*
- *„Blicke traurig vor dich!"*
- *„Stelle dich vor eine Person, verschränke die Arme und schaue hasserfüllt!"*
- *„Gebt einander bei der Begrüßung die Hand!"*
- *„Begegnet euch arrogant und ablehnend!"*
- *„Dreht noch einige Runden und überlegt euch dabei eigene Ausdrücke eurer Körpersprache!"*

Nach dieser Übung bleiben alle Schüler stehen und verweilen ein wenig in Ruhe auf der Stelle. *„Was habt ihr bei dieser Übung erlebt? Wie habt ihr euch bei den einzelnen Begegnungen gefühlt? Welche waren unangenehm und wann habt ihr euch gut gefühlt? Geht zunächst noch ein wenig im Raum und bleibt bei einem Mitschüler stehen. Unterhaltet euch über eure Erfahrungen bei dieser Übung."*

Fassen Sie die Erkenntnisse aus der Übung zusammen:
„Wir brauchen nicht zu sprechen oder uns zu unterhalten, um bereits zu erahnen, wie das Gegenüber drauf ist. Ein Blick in die Augen oder auf den Mund, auf die Bewegung der Arme oder die Körperhaltung genügt uns, um entsprechend zu reagieren."

Unterhalten Sie sich mit den Schülern im weiteren Verlauf der Unterrichtsstunde über die Bedeutung der Körpersprache:

- *„Wie drücke ich mit meinem Körper meine Gefühle aus?"*
- *„Welche Botschaften sende ich damit?"*
- *„Was kann ich mit meiner Mimik und Gestik ausdrücken?"*
- *„Wie setze ich diese bewusst ein, um eine bestimmte Wirkung zu erzielen?" (z. B. „Der Lehrer fragt Vokabeln ab und ich blicke an mir herunter.")*
- *„Wie erkenne ich, was andere Menschen mit Mimik und Gestik ausdrücken, und wie gehe ich damit um?"*
- *„Kann es auch Missverständnisse bei der Körpersprache geben? (z. B.: Jemand wirkt arrogant, ist aber in Wirklichkeit nur unsicher.)", „Wann treten diese auf und was bewirken sie?"*

Reflexion/Abschluss

ca. 10 Minuten

Lassen Sie die Schüler zum Abschluss über ganz konkrete Erlebnisse und Erfahrungen berichten.

Am Ende formulieren die Schüler Tipps und Anregungen für gute Begegnungen mit Menschen:

- *„Ich achte darauf, wie ich auf andere Menschen wirke!"*
- *„Ich versuche, Freundlichkeit auszustrahlen, damit andere Menschen auf mich zukommen und mit mir reden können!"*
- *„Ich akzeptiere es, wenn andere Menschen mir durch ihre Mimik und Gestik zeigen, dass sie kein Gespräch möchten."*

Schreiben Sie die Tipps auf eine Flipchart, damit sie für alle sichtbar bleiben. Die Tipps können immer wieder ergänzt werden.

Die Wirkung der Mimik

© agongallud – Fotolia.com

© agongallud – Fotolia.com

Alle reden von Respekt

Darum geht's

Das Wort „Respekt" wird oft bemüht: In der Rap-Musik wird Respekt immer wieder thematisiert. Und hat jemand etwas Beeindruckendes geleistet, wird dies mit dem Ausspruch: „Respekt!" honoriert. Doch was steckt eigentlich hinter diesem Begriff? Welche Haltung will er ausdrücken? Respektvolles Handeln ist eine wesentliche Grundlage des sozialen Lernprozesses. In dieser Unterrichtsstunde sollen sich die Schüler kreativ der Bedeutung des Begriffes nähern. Es geht nicht darum, mit der Moralkeule zu drohen, sondern ein Bewusstsein anzubahnen, das sich in einem Verhalten ausdrücken kann.

Kompetenzen

Die Schüler …

- nähern sich der Bedeutung von Respekt kreativ.
- erkennen, wie wichtig Respekt für ein friedvolles Zusammenleben ist.

Klassenstufe

5–10

Material

- Arbeitsblatt „Das ABC des Respekts" (S. 60)
- Arbeitsblatt „Respektvolle Sätze" (S. 61)
- Arbeitsblatt „Respektlosigkeit" (S. 62)
- Klebeband

Vorbereitung

Bereiten Sie drei Arbeitsstationen vor. Kopieren Sie dazu die drei Arbeitsblätter „Das ABC des Respekts" (S. 60), „Respektvolle Sätze" (S. 61) und „Respektlosigkeit" (S. 62) in benötigter Anzahl auf die Größe DIN A3 und legen Sie diese an den Stationen aus.

Stundenverlauf

Einstieg

ca. 5 Minuten

Erzählen Sie eine Begebenheit aus dem Alltag, die Respektlosigkeit ausdrückt, z. B.:
„Ich bin vergangene Woche mit dem Bus gefahren, in dem alle Plätze von Schülern besetzt waren. Es stieg eine ältere Dame ein. Keiner der jungen Menschen stand auf, um ihr einen Sitzplatz anzubieten."

Versuchen Sie, mit den Schülern dieses Verhalten zu analysieren:

- *„Warum haben sich die Schüler so verhalten?"*
- *„Wie findet ihr dieses Verhalten?"*
- *„Warum hätten sie der Frau einen Platz anbieten sollen? Hat nicht jeder, der bezahlt hat, ein Recht auf einen Sitzplatz?"*

Lenken Sie das Gespräch auf den Begriff „Respekt" und schreiben Sie ihn groß an die Tafel.

„Wir wollen heute versuchen, diesem Begriff, den man so häufig in Songs hört oder in der Zeitung liest, auf die Spur zu kommen.

- *Was ist genau damit gemeint?*
- *Was könnte Respekt für mich und mein Verhalten bedeuten?"*

Erarbeitung

ca. 20 Minuten

Erläutern Sie den Schülern die Aufgaben:
„Ihr seht drei Arbeitsstationen, an denen jeweils einige Blätter ausliegen. An jeder Station bearbeitet ihr jeweils eine andere Aufgabe."

1. Das ABC des Respekts:
„Hier versucht ihr, für jeden Buchstaben des Alphabets einen Begriff zu finden, der umschreibt, was mit Respekt gemeint ist."

2. Respektvolle Sätze:
„Auf den Blättern ist der Begriff ‚Respekt' senkrecht geschrieben. Mit jedem Buchstaben des

Wortes soll ein Satz gebildet werden, der einen wichtigen Aspekt von Respekt ausdrückt."

3. Respektlosigkeit:
„Auf den Blättern der dritten Station nähert ihr euch dem Begriff Respekt, indem ihr zunächst herausfindet, was Respektlosigkeit bedeutet. Das ist viel einfacher herauszufinden, als es scheint, denn es gibt im Alltag viele Beispiele dafür. Dreht dann die Formulierungen in das Gegenteil um und ihr umschreibt damit, was Respekt bedeutet."

Es werden drei Gruppen gebildet. Jede Gruppe begibt sich an eine Station und beschäftigt sich mit der Aufgabe. Nach 7 Minuten wechseln die Gruppen zur nächsten Station. Nach erneuten 7 Minuten gehen die Schüler zur dritten Station.

Präsentation

ca. 10 Minuten

Die entstandenen Plakate werden an den Wänden befestigt. Alle Schüler erkunden nun die Einträge und versuchen so, dem „Respekt" auf die Spur zu kommen. Dabei können Sie auch direkt mit anderen über die schriftlichen Aussagen diskutieren.

Reflexion/Abschluss

ca. 10 Minuten

Die Schüler setzen sich auf ihre Plätze und lassen die Eindrücke auf sich wirken. Fassen Sie mit den Schülern gemeinsam die Ergebnisse der Stunde zusammen:

- *„Wie würdet ihr nach dieser Stunde Respekt beschreiben?"*
- *„Versucht eine kurze Definition: Respekt ist ..."*
- *„Nennt konkrete Möglichkeiten, wie sich ein respektvolles Handeln oder auch Reden in eurem Alltag äußern kann."*
- *„Was würde sich in unserer Welt ändern, wenn alle Menschen respektvoll miteinander umgehen würden?"*
- *„Wie würde sich dein Leben ändern, wenn du es versuchen würdest, stets respektvoll zu sein? Welche Bereiche wären davon betroffen? Würdest du davon profitieren oder hauptsächlich die anderen?"*

Das ABC des Respekts

A	
B	
C	
D	
E	
F	
G	
H	
I	
J	
K	
L	
M	
N	
O	
P	
Q	
R	
S	
T	
U	
V	
W	
X	
Y	
Z	

◎ Aufgabe

Notiert zu jedem Buchstaben Begriffe, die für ein respektvolles Verhalten wichtig sind.

Respektvolle Sätze

R ....

....

E ....

....

S ....

....

P ....

....

E ....

....

K ....

....

T ....

....

◎ Aufgabe

Notiert zu jedem Buchstaben einen Satz, der umschreibt, was Respekt ausdrückt, z. B.:

S *ei freundlich zu deinen Mitmenschen!*

Respektlosigkeit

Respektloses Verhalten	Respektvolles Verhalten
⊙ Lasse dir von keinem etwas gefallen!	⊙ Nimm Rücksicht auf andere Menschen!
⊙ Suche immer deinen Vorteil!	⊙
⊙	⊙
⊙	⊙
⊙	⊙
⊙	⊙
⊙	⊙
⊙	⊙
⊙	⊙
⊙	⊙
⊙	⊙
⊙	⊙
⊙	⊙
⊙	⊙
⊙	⊙
⊙	⊙

Aufgaben

1. **Findet Formulierungen, die ein respektloses Verhalten ausdrücken.**
2. **Dreht dann alle Sätze ins Gegenteil. Nun werden plötzlich respektvolle Tipps daraus.**

 © Verlag an der Ruhr | Autor: Arthur Thömmes | ISBN 978-3-8346-3733-8 | www.verlagruhr.de

Mauer in den Köpfen

Darum geht's

Waren Sie schon einmal das Opfer eines Vorurteils? Diese Frage werden Sie bestimmt mit „Ja" beantworten können. Vorurteile sind allgegenwärtig und bestimmen unseren Alltag. *„Lehrer sind faul!", „Alle Blondinen sind dumm!", „Ausländer sind kriminell!"*

Kinder und Jugendliche hören solche Vor-Verurteilungen in ihrem Umfeld und übernehmen diese als ihre eigene Position.

In dieser Stunde nähern sich die Schüler mithilfe von fünf Leitfragen der Problematik an. Es geht dabei nicht darum, zu überzeugen oder zu belehren, sondern ein Gefühl dafür zu entwickeln, dass ich nicht alles glauben soll, was ich sehe und höre. Dazu erarbeiten die Schüler einige konkrete Hilfen für den Alltag.

Kompetenzen

Die Schüler …

- benennen Vorurteile, durchschauen deren Mechanismen und ziehen Konsequenzen für ihr eigenes Handeln.
- lassen sich auf ein kontroverses Thema ein.

Klassenstufe

7–10

Material

- Materialblatt „Vorurteile" (S. 65–69)
- Materialblatt „Die Blinden und der Elefant" (S. 70)
- Wäscheleine (ca. 5 m)
- 50 Wäscheklammern
- Stellwand und Befestigungsmaterial
- Schreibpapier

Vorbereitung

Kopieren und vergrößern Sie die Materialblätter „Vorurteile" (S. 65–69) einmal. Kopieren Sie das Materialblatt „Die Blinden und der Elefant" (S. 70) oder lesen Sie die Geschichte darauf direkt aus diesem Buch vor.

Stellen Sie eine Stellwand auf, an die Sie die fünf Fragen anheften (siehe S. 64 und Materialblatt „Vorurteile" 1/5, S. 65).

Ziehen Sie eine Wäscheleine durch den Klassenraum und befestigen Sie die kopierten und ausgeschnittenen Begriffe mit den Wäscheklammern daran.

Stundenverlauf

Einstieg

ca. 5 Minuten

Schreiben Sie den Satz *„Die Jugend von heute ist faul und respektlos!"* an die Tafel. Fordern Sie die Schüler auf, diese Formulierung zu kommentieren. Sicher werden die Schüler dieser Aussage heftig widersprechen. Das ist auch der Sinn dieser Provokation.

Verdeutlichen Sie, dass es noch viele Menschen und Personengruppen gibt, die Opfer solcher Äußerungen sind. Schreiben Sie den Begriff Vorurteil an die Tafel. Lassen Sie die Schüler einige Vorurteile, die sie kennen, nennen.

Erläutern Sie den Schülern, dass es in dieser Unterrichtsstunde darum gehen wird, dem Entstehen von Vorurteilen auf die Spur zu kommen und keine alten Vorurteile zu verfestigen oder neue zu schüren.

Erarbeitung

ca. 30 Minuten

Leiten Sie zur Erarbeitung über:

„Die folgenden fünf Fragen werden uns in dieser Stunde begleiten. Wir versuchen so, den Vorurteilen auf die Spur zu kommen:

1. *Was ist ein Vorurteil?*
2. *Welche Menschen und Personengruppen sind besonders von Vorurteilen betroffen?*
3. *Wie entstehen Vorurteile?*
4. *Welche Konsequenzen haben Vorurteile für die betroffenen Menschen?*
5. *Wie kann ich Vorurteilen entgegenwirken bzw. sie überwinden?*

„Ihr seht ganz unterschiedliche Begriffe, die an der Wäscheleine hängen. Sie haben alle mit dem Thema Vorurteile zu tun. Eure Aufgabe besteht darin, euch jeweils einen oder mehrere Begriffe zu nehmen und sie den passenden der fünf Fragen zuzuordnen. Heftet Begriffe und Fragen zusammen an die Stellwand."
Die Schüler ordnen die Begriffe. Koordinieren Sie die Aufgabe, damit kein Chaos entsteht.

Im zweiten Teil der Unterrichtsstunde werden fünf Gruppen gebildet, die jeweils einer Wand zugeteilt werden. Sie haben die Aufgabe, die Stichworte zu nutzen, um sich zunächst über die jeweilige Frage zu unterhalten. Dabei sollen sie folgende Aufgaben schriftlich lösen:

1. **Formuliert eine kurze Definition:**
   „Ein Vorurteil ist …"
2. **Schreibt Personen bzw. Gruppen auf und formuliert konkrete Vorurteile:**
   „Lehrer haben immer frei!"
3. **Formuliert in einigen Sätzen Gründe, warum Vorurteile entstehen können:**
   „Vorurteile entstehen, wenn vorschnell geurteilt wird, z.B. wegen schlechten Erfahrungen, Hörensagen oder Fehlinformation."
4. **Schreibt auf, welche Folgen ein Vorurteil für einen betroffenen Menschen haben kann:**
   „Menschen mit Behinderungen werden im Alltag ausgegrenzt!"
5. **Formuliere, was du ganz persönlich tun kannst, um deine Vorurteile zu überwinden:**
   „Ich informiere mich, ob die Behauptung der Wahrheit entspricht!"

Damit alle Schüler sich mit allen Aufgaben beschäftigen können, wechseln die Gruppen nach ca. 4 Minuten zur nächsten Stellwand.

Reflexion/Abschluss

ca. 10 Minuten

Lassen Sie die Schüler einige ihrer Arbeitsergebnisse vorlesen.
Lesen Sie zum Abschluss die folgende Geschichte mit dem ergänzenden Kommentar vor:

„Ähnlich ist es mit unseren Vorurteilen. Ich sehe und höre nur das, was ich sehen und hören kann und will. Ich sehe nur den Teil der Wirklichkeit, der zu meinen Vorurteilen und zu meinen Erfahrungen passt. Und mit der Zeit sehe und höre ich, was ich erwarte. So verfestigen sich Vorurteile und es ist schwer, sie wieder zu korrigieren. Aber wir können jeden Tag neu damit beginnen, es doch zu tun."

Vorurteile (1/5)

1.

Was ist ein Vorurteil?

2.

Welche Menschen und Personengruppen sind besonders von Vorurteilen betroffen?

3.

Wie entstehen Vorurteile?

4.

Welche Konsequenzen haben Vorurteile für die betroffenen Menschen?

5.

Wie kann ich Vorurteilen entgegenwirken bzw. sie überwinden?

Vorurteile (2/5)

Klischee	Angst
Stereotyp	Feindbilder
Urteil	Sündenbock
Tatsachen	mangelndes Selbstwertgefühl
Gerüchte	Manipulation
Lügen	Erfahrungen
Unsicherheit	

  ISBN 978-3-8346-3733-8 | www.verlagruhr.de

Vorurteile (3/5)

Diskriminierung	Niedergeschlagenheit
Abgrenzung	Abwehr
Gewalt	Wut
Hass	Faktencheck
Mobbing	Toleranz
Misstrauen	Information
Opferrolle	Menschenkenntnis
Ungerechtigkeits-gefühl	

Vorurteile (4/5)

besseres Kennenlernen	Skinheads
Gespräche	Lehrer
Achtsamkeit	Deutsche im Ausland
Begegnung	Schwarze und People of Colour
Toleranz	Menschen mit Behinderung
Selbstbewusstsein	Homosexuelle
Neugier	Politiker
Vertrauen	Arbeitslose
Interesse	Obdachlose

Vorurteile (5/5)

alte Menschen	Menschen mit Übergewicht
arme Menschen	ehrgeizige Menschen
reiche Menschen	schüchterne Menschen
Flüchtlinge	extrovertierte Menschen
Frauen	Minderheiten
Männer	Fremde

Die Blinden und der Elefant

Hinter Ghor[1] lag eine Stadt, deren Bewohner erblindet waren. Ein König zog eines Tages mit Gefolge und einer Armee in die Gegend. Er führte einen mächtigen Elefanten mit sich, den er bei kriegerischen Angriffen einsetzte und auch, um der Leute Ehrfurcht zu vergrößern.
Die Menschen waren neugierig, mehr über den Elefanten zu erfahren, und einige Blinde liefen in die Gegend, in der sie den Elefanten vermuteten. Dort angekommen betasteten sie die Teile des mächtigen Tieres, die ihnen erreichbar waren. Und da sie über Elefanten nichts wussten, waren sie überzeugt, nun die wahren Tatsachen zu kennen.
In die Stadt zurückgekehrt, wurden sie von Neugierigen umringt, die gespannt waren, die Wahrheit über Aussehen und Gestalt des Elefanten zu erfahren.
Der Mann, dessen Hand ein Ohr betastet hatte, sagte: „Er ist groß und rau, so breit und ausgedehnt wie ein Teppich." Einer, der den Rüssel berührt hatte, sagte: „Ich kenne die wahren Tatsachen. Er ist eine gerade und hohle Röhre, schrecklich und zerstörerisch." Ein anderer, der Füße und Beine des Elefanten berührt hatte, rief: „Ich sage euch, er ist ein mächtiger und starker Pfeiler.".
Und der Blinde, der den Schwanz des Elefanten in seinen Händen gehalten hatte, sagte: „Er ist ein riesiger Pinsel." Und der schließlich, der den Leib des Elefanten betastet hatte, meinte: „Glaubt mir, er ist eine wuchtige Tonne."

Jeder hatte einen Teil von vielen berührt.
Und weil keiner alles wusste, hatte jeder es falsch aufgefasst.

Quelle: Reifarth, Wilfried; Scherpner, Martin: Der Elefant, Texte für Beratung und Fortbildung, Lambertus Verlag: Freiburg 1994, S. 9

[1]**Ghor** (auch Ghur oder Ghwor): eine Provinz in Afghanistan

Freundlichkeit und mehr

Darum geht's

Ein freundliches Miteinander kann im Leben vieles einfacher und unkomplizierter machen. Dabei ist es gar nicht so schwer. Freundlichkeit kostet nichts und kann eine große Wirkung haben. Die Schüler sollen sich in dieser Unterrichtsstunde bewusst machen, wie schön und unkompliziert das Leben sein kann, wenn Menschen mehr aufeinander achten und nett und freundlich zueinander sind. Natürlich bringen die Schüler sehr unterschiedliche Erfahrungen mit, die sie bereits geprägt haben. Auch das sollte berücksichtigt und ernst genommen werden.
In der folgenden Unterrichtsstunde wird das Thema „Freundlichkeit" durch ganz konkrete Lebensituationen, in die sich die Schüler hineinversetzen, verdeutlicht.

Kompetenzen

Die Schüler …

- erkennen, dass ein höfliches und freundliches Verhalten Konsequenzen haben kann.
- überlegen, was dieses Verhalten für sie und ihr Leben bedeuten kann.

Klassenstufe

5–10

Material

- Arbeitsblatt „Das Vokabular der Freundlichkeit" (S. 73)

Vorbereitung

Kopieren Sie das Arbeitsblatt „Das Vokabular der Freundlichkeit" (S. 73) in Klassenstärke. Schaffen Sie die räumlichen Voraussetzungen für die Vorbereitung eines Rollenspiels in Gruppen.

Stundenverlauf

Einstieg

ca. 15 Minuten

Schreiben Sie das folgende Zitat des Schweizer Autors und Aphoristikers Kurt Haberstich groß und gut lesbar an die Tafel:
„Sei freundlich zu unfreundlichen Menschen. Sie brauchen es am meisten!"
Quelle: Haberstich, Kurt: Kein Wort zuviel, www.kurthaberstich.ch

Die Schüler werden zunächst sehr verwundert reagieren, denn dieses vorgeschlagene Verhalten entspricht nicht dem gängigen Verhaltenskodex. Sprechen Sie mit den Schülern über das Zitat:

- *„Was würde passieren, wenn ich diesen Tipp wirklich umsetzen würde?"*
- *„Welches Verhalten könnte ich von meinem Gegenüber erwarten?"*
- *„Was würde mit mir passieren, mit meinen Gefühlen und mit meinem Denken?"*

Leiten Sie zur nächsten Unterrichtsphase über: *„In bestimmten Situationen reagieren wir unfreundlich. Wer kennt das nicht: Man wird irgendwo angerempelt, jemand drängelt sich vor oder man wird im Straßenverkehr beschimpft. Wenn wir unfreundlich reagieren, entstehen Streitigkeiten und Konflikte verschärfen sich. Es würde sich lohnen, diesen Teufelskreis zu durchbrechen. Wie das vielleicht klappen könnte, wollen wir in verschiedenen Lebenssituationen spielerisch ausprobieren."*

Erarbeitung

ca. 15 Minuten

Es werden zunächst 3er-Gruppen gebildet. Diese suchen sich aus der Liste der Begriffe auf dem Arbeitsblatt „Das Vokabular der Freundlichkeit" (S. 73) eine bestimmte Eigenschaft aus. Die Schüler setzen sich in der Gruppe zusammen und überlegen, was mit der gewählten Eigenschaft konkret gemeint sein könnte.

Im nächsten Schritt suchen sie eine Situation, in der das Verhalten, das der gewählte Begriff beschreibt, dargestellt und eingeübt werden kann. Um sich besser in die Situation hineinzudenken, kann es hilfreich sein, zunächst das Gegenteil darzustellen (z. B. unfreundlich und dann erst freundlich).
Zwei Schüler aus der jeweiligen 3er-Gruppe spielen die Szene und üben diese schrittweise ein. Der dritte Schüler beobachtet und korrigiert so lange, bis alle mit dem Rollenspiel zufrieden sind.

Präsentation und Reflexion

ca. 15 Minuten

Nacheinander präsentieren die einzelnen Gruppen ihr Rollenspiel. Dabei werden folgende Schritte nacheinander eingehalten:

1. Das Rollenspiel wird dargestellt.
2. Die Zuschauer überlegen, welches Verhalten hier konkret dargestellt wurde.
   Dabei berichten die Spielgruppen von ihren Überlegungen bei der Planung des Rollenspiels.
3. Reflexion: Was kann ein solches Verhalten ganz konkret für mein Leben und meine Beziehungen zu Menschen (in der Schule oder Familie, im Freundeskreis oder im Verein) bedeuten?

Nehmen Sie am Ende der Stunde nochmals Bezug zu der Anfangssituation.
„Es gibt ihn, den Kreislauf der Unfreundlichkeit. Ich lade euch ein, ihn zu durchbrechen und einen neuen Kreislauf der Freundlichkeit in eurem Umfeld zu schaffen. Es ist ganz einfach."

Das Vokabular der Freundlichkeit

1. achtsam
2. aufrichtig
3. behutsam
4. dankbar
5. ehrlich
6. freundlich
7. geduldig
8. gerecht
9. gewissenhaft
10. glaubwürdig
11. herzlich
12. hilfsbereit
13. höflich
14. mitfühlend
15. mutig
16. respektvoll
17. rücksichtsvoll
18. solidarisch
19. tolerant
20. treu
21. verlässlich
22. verständnisvoll
23. wahrhaftig
24. wertschätzend
25. wohlwollend
26. zuvorkommend
27. zugewandt

Aufgaben

1. **Sucht euch als Gruppe eine Eigenschaft aus der Liste oben aus und sprecht darüber, was sie bedeutet.**
2. **Überlegt euch eine ganz konkrete Situation, in der diese Eigenschaft eingesetzt werden könnte.**
3. **Stellt diese Situation szenisch in 3er-Gruppen dar. Dabei könnt ihr experimentieren und zunächst mit dem gegenteiligen Begriff beginnen, z. B.: respektlos – respektvoll. Es spielen zwei von euch und die dritte Person beobachtet und korrigiert.**

Ich danke dir!

Darum geht's

Dankbarkeit ist eine innere Haltung, die aus dem Herzen kommt. Es ist keine einstudierte Phrase, die ich bei passender Gelegenheit aufsage.
In der Dankbarkeit drücke ich aus, dass die Dinge und die Menschen für mich nicht selbstverständlich sind. Ich fühle mich beschenkt. Kinder und Jugendliche brauchen Vorbilder, die ihnen dies vorleben. Übrigens: Wann haben Sie sich das letzte Mal bei Ihren Schülern bedankt? Vielleicht wäre dies für Sie ein alternativer Einstieg in diese Unterrichtsstunde.

Kompetenzen

Die Schüler …

- werden sich der Bedeutung einer dankbaren Haltung bewusst.
- überlegen, wofür sie selbst dankbar sein können.

Klassenstufe

7–10

Material

- Arbeitsblatt „Es gibt viel zu danken" (S. 75)
- Arbeitsblatt „Wofür ich danken kann" (S. 76)
- Materialblatt mit QR-Code „Sido – ‚Danke'" (S. 77)
- Smartphone bzw. Tablet mit QR-Code-Reader pro Gruppe, Beamer, PC mit Internetzugang

Vorbereitung

Kopieren Sie die beiden Arbeitsblätter „Es gibt viel zu danken" (S. 75) und „Wofür ich danken kann" (S. 76) in Klassenstärke. Kopieren Sie das Arbeitsblatt mit dem QR-Code für jede Gruppe. Stellen Sie sicher, dass eine WLAN-Internetverbindung im Klassenraum besteht und die Schüler pro Gruppe über ein Smartphone/Tablet mit QR-Code-Reader verfügen.

Stundenverlauf

Einstieg

ca. 15 Minuten

Lesen Sie den Text des Arbeitsblattes „Es gibt viel zu danken" (S. 75) zunächst vor. Lassen Sie die Zeilen kurz wirken und teilen dann die Arbeitsblätter aus. Die Schüler bearbeiten die erste Aufgabe in Einzelarbeit und steigen anschließend in ein Unterrichtsgespräch ein. Diskutieren Sie die Thesen des Textes und das Für und Wider einer dankbaren Haltung. Dabei ist es wichtig, auch eine Haltung der Undankbarkeit ernst zu nehmen und den Motiven auf die Spur zu gehen.
→ *„Warum verlieren wir die Dankbarkeit ab und zu aus dem Blick und was würde passieren, wenn alle Menschen dankbar wären?"*

Erarbeitung

ca. 20 Minuten

Es werden Arbeitsgruppen aus ca. drei bis vier Schülern gebildet. Als Impuls können sich die Schüler mit dem Song von Sido „Danke" auseinandersetzen (S. 77). In jeder Gruppe kann ein Smartphone mit QR-Code-Reader genutzt werden, um das Lied mit Texteinblendung auf YouTube anhören zu können. Anschließend versuchen die Schüler, in einem Gruppengespräch den Inhalt des Textes zu ergründen. → *„Was bewegte Sido, diesen Song zu schreiben, und was wollte er mit ihm ausdrücken?"* Schließlich erhalten die Schüler das zweite Arbeitsblatt „Wofür ich danken kann" (S. 76) und notieren zunächst in Einzelarbeit ihre Gedanken. Abschließend tauscht sich die Klasse über die Ergebnisse der Gruppenarbeit aus.

Abschluss

ca. 10 Minuten

Zum Abschluss der Unterrichtsstunde werden die Themen der Einzel- und Gruppenarbeit zusammengetragen und der Inhalt der Stunde wird in einer gemeinsamen Erkenntnis an der Tafel zusammengefasst, z. B.: „Dankbarkeit kostet nichts!"

Es gibt viel zu danken

Wofür sollen wir noch danken?!
Selbstverständlichkeiten gehören zum Alltag.
Alltägliches wird selbstverständlich.
Der pessimistische Virus der Nörgler und Miesepeter
breitet sich aus,
beherrscht das Lebensgefühl vieler Menschen.
Sozialneid und Egoismus machen unzufrieden
und lähmen die Freude am Leben.

Die Lebensparolen unserer Zeit
verhindern das Danken:
Hast du was, dann bist du was.
Der Ehrliche ist der Dumme.
Du musst ein Schwein sein in dieser Welt.
Jeder denkt an sich,
nur ich denk an mich.
Die Vokabeln der Dankbarkeit verschwinden aus dem Wortschatz.
Wir müssen lernen,
das Alphabet der Dankbarkeit
neu zu buchstabieren.

Danken heißt: von mir selbst absehen,
mich selbst nicht so wichtig nehmen,
das Geschenk des Lebens sehen,
es bejahen und anzunehmen.

Es gibt viel zu danken,
packen wir es an.

Arthur Thömmes

Aufgaben

1. **Drücke die provokative Aussage des Textes in eigenen Worten aus.**
2. **Diskutiert dann gemeinsam folgende Fragen:**
   → **Welche Bedeutung hat die Dankbarkeit für das Zusammenleben und unsere Gesellschaft und für euch persönlich?**
   → **Wie wirkt sich eine dankbare Haltung auf deine Freundschaften aus?**

Wofür ich danken kann

Ich bin dankbar für …

© Daniel Berkmann – Fotolia.com

◎ Aufgabe

Wann hast du das letzte Mal ganz bewusst und aus Überzeugung „danke" gesagt? Überlege in aller Ruhe, für wen oder wofür du dankbar bist und bei wem du wieder mal „danke" sagen könntest, und schreibe es auf.

Sido – „Danke"

Aufgabe

1. **Hört euch den folgenden Song vom Deutschrapper Sido an.
Scannt dazu den QR-Code mit einem eurer Smartphones und ruft das Video auf.
Achtet darauf, dass die Lautstärke nicht so laut ist, dass sie die anderen Gruppen stört.**

**TIPP: Ihr könnt euch auch absprechen und den Song laut für alle Gruppen anmachen.
Achtet beim Hören insbesondere auf den Text.**

Sido: „Danke" – Song + Liedtext

2. **Tauscht euch in eurer Gruppe über die folgenden Fragen aus.**

   a) Wie wirkt der Song auf euch?
   b) Was bewegte Sido, diesen Song zu schreiben?
   c) Was möchte er damit wohl ausdrücken?

Lügen haben kurze Beine

Darum geht's

Im alltäglichen Leben schätzen wir wahrhaftige und aufrichtige Menschen. – Es ist für das Zusammenleben und den sozialen Frieden wichtig, dass wir Menschen die Wahrheit sagen. Andererseits werden wir in den Medien täglich mit den großen und kleinen Lügen in dieser Welt konfrontiert. Und auch jeder von uns selbst schwindelt, flunkert oder lügt immer mal wieder im Alltag, um sich vor Unannehmlichkeiten zu schützen, sich einen Vorteil zu verschaffen oder zu beeindrucken. Für die einen ist die Lüge eine Sünde. Andere meinen, dass wir mit Ehrlichkeit in unserem Leben nicht weiterkommen.
In der folgenden Unterrichtsstunde sollen sich die Schüler mit der Bedeutung von Lüge(n) und Wahrheit für sie persönlich auseinandersetzen.

Kompetenzen

Die Schüler …

- erkennen und analysieren die Auswirkungen von Lügen.
- reflektieren die Bedeutung der Wahrheit.

Klassenstufe

5–7

Material

- Arbeitsblatt „Der Lügner" (S. 80)

Vorbereitung

Kopieren Sie das Arbeitsblatt „Der Lügner" (S. 80) in Klassenstärke.

Stundenverlauf

Einstieg

ca. 10 Minuten

Schreiben Sie als Einstieg in die Unterrichtsstunde groß das Wort „Lüge" an die Tafel und fordern Sie die Schüler auf:

„Geht bitte nach vorn und schreibt an die Tafel, was euch zu dem Begriff ‚Lüge' einfällt."

Lassen Sie den Schülern ca. 5 Minuten Zeit für das Brainstorming. Mögliche Begriffe könnten sein: Wahrheit, Streit, Notlüge, Zusammenleben, Vertrauen, Enttäuschung etc.
Anschließend betrachten alle die Begriffe an der Tafel und äußern sich dazu. Den Schülern wird deutlich, wie vielfältig die Lüge ist und dass sie mit vielen Bereichen unseres Lebens etwas zu tun hat.

Erarbeitung

ca. 25 Minuten

Leiten Sie zur Erarbeitung über:
„Ich möchte euch nun eine Geschichte vorlesen, die etwas mit unserem Thema zu tun hat. Sie lautet „Der Lügner."

Die Schüler erhalten anschließend das Arbeitsblatt „Der Lügner" (S. 80) und bearbeiten in Einzelarbeit die Fragen. Für das Ende der Geschichte machen sie sich lediglich Notizen. Anschließend setzen sich die Schüler in 3er- bzw. 4er-Gruppen zusammen und erzählen sich gegenseitig ihre Fortsetzungen der Geschichte, die sie aus ihren Stichworten mündlich zusammensetzen. Dabei diskutieren sie die unterschiedlichen Varianten mit den entsprechenden Konsequenzen.

In einem Unterrichtsgespräch übertragen die Schüler die Erkenntnisse dann auf sich selbst:

- *„Muss ich immer die Wahrheit sagen?"*
- *„Sind Notlügen erlaubt? Wenn ja, wann?"*
- *„Wen sollte ich auf keinen Fall belügen?"*
- *„Wie gehe ich damit um, wenn ich belogen werde?"*
- *„Macht es einen Unterschied, von wem ich belogen werde?"*
- *„Welche Konsequenzen folgen daraus, wenn ich immer und überall die Wahrheit sage?"*
- *„Welche Konsequenzen folgen aus Lügen?"*

- *„Welche Gefühle/Beweggründe stecken hinter Lügen?"*
- *„Welche Überzeugung steckt hinter der Wahrheitsliebe?"*

Abschluss

ca. 10 Minuten

Beenden Sie die Stunde mit einer Hausaufgabe: *„Ich möchte euch als Hausaufgabe zu einem Experiment einladen: Versucht einmal, einen ganzen Tag lang nur die Wahrheit zu sagen. Notiert, wie lange es euch gelungen ist, was an dem Experiment schwierig war und welche Reaktionen euch dabei begegnet sind."*

Alternativ können Sie die Schüler zum Abschluss auch mit dem FAKTENCHECK (siehe Kasten) beauftragen und sie einige der Fragen z.B. im Internet oder einer örtlichen Bibliothek recherchieren lassen.
Ebenso ist es denkbar, dass die Jugendlichen ihre Eltern oder Geschwister mit den aufgelisteten Fragen interviewen. Die gesammelten Antworten können dann gemeinsam in der Klasse ausgetauscht, verglichen und diskutiert werden. Beide Abschlussalternativen verlangen nach einer Fortsetzungsstunde, in der die Ergebnisse besprochen werden können.

FAKTENCHECK

Impulsfragen zum Thema „Lüge":

- Warum glauben Menschen Lügen, auch wenn sie sich faktisch widerlegen lassen?
- Welche Synonyme für den Begriff „Lüge" gibt es? Sind diese möglicherweise schon Deutungen/Interpretationen davon, was eine „Lüge" sein kann?
- Wie oft lügt ein Mensch durchschnittlich pro Tag?
- Wird in der Werbung gelogen? Wie stehst du dazu?
- Darf ich in einem Vorstellungsgespräch lügen? Wenn ja, in welcher Situation genau?
- iIn welchen Situationen ist das Lügen in Ordnung/erlaubt?
- In welchen Situationen ist das Lügen strafbar?
- Wann hast du zuletzt gelogen?
- …

Der Lügner

Jeder Mensch hat unterschiedliche Begabungen und Talente. Darauf kann er stolz sein, denn sie helfen ihm im Leben weiter. Lukas ist ein Junge, der die anderen Jugendlichen bewundert. Alex kann super Fußball spielen. Dennis spielt Gitarre und hatte bereits einige Auftritte bei Schulkonzerten.
Lena ist ein Mathe-Genie. Sie kann ohne große Anstrengung alle Matheaufgaben lösen.
Lukas weiß nicht, wie er die anderen beeindrucken könnte. – Sport kann er gar nicht leiden und das Üben auf einem Instrument ist ihm zu mühselig. Und er hört immer wieder, wie andere Väter und Mütter stolz über ihre Kinder sprechen. Das wünscht er sich am meisten. Dass seine Eltern stolz auf ihn sind.

Wenn er mit den anderen in der Pause zusammensteht, erzählen diese immer wieder von ihren tollen Erlebnissen. Eines Tages nimmt Lukas den Mund sehr voll und um sich auch mal Aufmerksamkeit zu verschaffen, erzählt er einfach drauf los:
„Ich habe einen Onkel, der hat sehr viel Geld. Damit kann er sich alles kaufen, wonach ihm ist. Er fährt ein Sportauto und besitzt ein Pferd, das schon viele Rennen gewonnen hat. Im Sommer schippert er mit seiner Jacht auf den Meeren herum oder verbringt seinen Urlaub in seinem Ferienhaus in Italien."
Während Lukas erzählt, merkt er plötzlich, dass alle still werden und ihm aufmerksam zuhören. Das lässt ihn noch mutiger werden und er erzählt weiter:
„Wenn ich die Ferien bei meinem Onkel verbringe, kauft er mir alles, was ich haben möchte ..."
In der folgenden Zeit steigert sich Lukas immer mehr in seine Geschichten hinein. Er fühlt sich wohl, weil er plötzlich die Aufmerksamkeit erhält, die er noch nie hatte. Das große Problem ist jedoch: Die Geschichten, die Lukas erzählt, sind alle gelogen. Er hat sie spontan erfunden. Jederzeit könnte die Seifenblase platzen. Das ist ihm aber nicht bewusst. So erfindet er im Laufe der Tage und Wochen immer neue Geschichten. – Doch was wird passieren, wenn schließlich herauskommt, das alles eine große Lüge ist und Lukas ein großer Schwindler?

Arthur Thömmes

Aufgaben

1. **Wie kommt Lukas wieder aus diesem Geflecht an Lügen und Unwahrheiten heraus? Welche Ratschläge hast du für ihn?**
2. **Schreibe in Stichpunkten auf, wie die Geschichte weitergehen könnte. Werden sich alle von Lukas abwenden oder erhält er eine neue Chance?**

  ISBN 978-3-8346-3733-8 | www.verlagruhr.de

Vergebung kontra Vergeltung

Darum geht's

Unser Alltag verläuft nicht immer harmonisch und wir kommen nicht mit allen Menschen klar. So ergeht es auch Kindern und Jugendlichen. Wenn ein Konflikt oder ein Streit vorhanden ist, muss eine persönliche Entscheidung getroffen werden: Reichen wir uns die Hand und vergeben oder verharren wir auf unseren Positionen und damit auf unserem gemeinsamen Problem? Und ehe wir uns versehen, kann der Konflikt eskalieren. Wir schaukeln uns in dem Streit gegenseitig hoch und plötzlich geht es nur noch um Schuldzuweisungen bis hin zu Vergeltungsmaßnahmen.
In dieser Unterrichtsstunde geht es genau um diese Frage: Entscheide ich mich für Vergebung oder für die Vergeltung? Das sollen die Schüler nach der Vertiefung der Bedeutung dieser beiden Begriffe spielerisch erarbeiten und dabei die Konsequenzen des jeweiligen Verhaltens verdeutlichen. Dabei sollten sie möglichst zu der Erkenntnis gelangen, dass die Vergebung der bessere Weg ist, aber großen/größeren Einsatz verlangt.

Kompetenzen

Die Schüler …

- verdeutlichen die Begriffe Vergebung und Vergeltung pantomimisch.
- erkennen, welche Gefühle hinter Vergebung und Vergeltung stecken können.
- erkennen die Bedeutung von Vergebung und Vergeltung.

Klassenstufe

5–10

Material

- Arbeitsblatt „Das Vokabular der Vergebung und Vergeltung" (S. 84)
- Materialblatt „Vergebung und Vergeltung" (S. 83)

Vorbereitung

Kopieren Sie das Arbeitsblatt „Das Vokabular der Vergebung und Vergeltung" (S. 84) im Klassensatz. Kopieren Sie das Materialblatt „Vergebung und Vergeltung" (S. 83) einmal und zerschneiden die Kopie in der Mitte.
Bereiten Sie den Klassenraum so vor, dass die beiden Gruppen ausreichend Bewegungsraum für das geplante Wortgefecht haben.

Stundenverlauf

Einstieg

ca. 10 Minuten

Suchen Sie drei Freiwillige für eine Pantomime. Zeigen Sie einem Schüler das Foto mit der erhobenen Faust und zwei weiteren das mit dem Handschlag. Die Schüler stellen sich vor die Klasse und stellen die Abbildungen pantomimisch dar. Stellen Sie der Klassengemeinschaft die folgende Frage:
„Wofür könnte die Faust stehen und wofür steht wohl der Handschlag?"
Die Schüler können einzelne Gefühle nennen, die hinter den symbolischen Darstellungen stehen, z. B. Hass, Wut, Verständnis …, bzw. Situationen wie Drohung, Friede, Versöhnung …
Im nächsten Schritt sollen die Schüler den Darstellungen eine Stimme geben, z. B.:
„Ich bin wütend!", „Ich hasse euch!", „Wir vertragen uns!", „Lass uns den Streit beenden!" …
Sprechen Sie mit den Schülern über Situationen, in denen sie beide Reaktionen bereits erlebt haben.

Erarbeitung

ca. 20 Minuten

Die Schüler erhalten das Arbeitsblatt „Vokabular der Vergebung und Vergeltung" (S. 84).
Die Schüler bearbeiten zunächst das Arbeitsblatt in Einzelarbeit. Danach geht es in ein Wortgefecht, für das Sie zwei größere Gruppen bilden. Suchen Sie nach Freiwilligen für dieses Wortgefecht (pro Gruppe ca. acht bis zehn Schüler).

- Es werden zwei Gruppen gebildet, eine Vergeltungs- und eine Vergebungsgruppe. Die inzwischen sortierten Begriffe aus der Wörtersammlung werden unter den Gruppenmitgliedern verteilt. Jedes Gruppenmitglied notiert vorbereitend zu „seinem" Begriff einen Satz, der den Begriff näher erläutert, z. B.: *„Ich bin der Streit und ich bringe Uneinigkeit!"*
- Die beiden Gruppen stellen sich so auf, dass sie sich in die Augen blicken können. Sie inszenieren ein Wortgefecht. Nacheinander nennen sie die vorbereiteten Sätze und unterstützen diese durch Gestik und Mimik.

Diese Inszenierung soll den eher „zurückhaltenden", „weichen" Begriffen, die im Zusammenhang mit dem Begriff „Vergebung" stehen, mehr Gehör verschaffen. Gleichzeitig ist darauf zu achten, dass die wesentlich einfacher mit Gestik und Mimik zu untermauernden Begriffe rund um „Vergeltung" nicht zu viel Gewicht bekommen. Koordinieren Sie das Wortgefecht und überlassen es nicht dem Zufall, wie es sich entwickelt. Idealerweise „hauen" die Schüler nicht einfach ihren vorbereiteten Satz raus, sondern kontern jeweils mit dem passenden Begriff/Satz auf eine Aussage der Gegengruppe.

Reflexion/Abschluss

ca. 15 Minuten

Die Schüler werden nach dem Wortgefecht noch einige Minuten brauchen, um wieder zur Ruhe zu kommen. Reflektieren Sie, wenn wieder Ruhe in der Gruppe eingekehrt ist, das Wortgefecht und seinen Inhalt.
Mögliche Fragen dazu können lauten:

- *„Wie habt ihr euch in eurer jeweiligen Rolle gefühlt? War es eher unangenehm oder habt ihr Lust verspürt, euer Gegenüber von eurer Aussage zu überzeugen?"*
- *„Wie steht es um Vergebung und Vergeltung ganz konkret in eurem Alltag (in der Familie, unter Freunden, im Verein, auf Facebook)?"*
- *„Welche Konsequenzen haben die beiden Haltungen für dich persönlich und für deine unterschiedlichen Beziehungen?"*
- *„Wie fühlt sich derjenige, der Vergebung oder Vergeltung ausübt bzw. erfährt?"*

Natürlich ist es sinnvoll, am Ende der Unterrichtsstunde ein Plädoyer für die Vergebung zu formulieren. Das können Sie selbst tun oder die Schüler in einer Blitzlichtrunde.
Eventuell hilft der folgende Text dabei:

Ein Plädoyer für die Vergebung

Die Kette der Vergeltung führt in meiner
kleinen Welt zu Unfriede und Streit.
Die Konflikte werden immer größer,
je weniger die Menschen bereit sind, sich
zu vergeben.
Vergebung kostet Überwindung, denn
scheinbar ist der Vergebende der Verlierer.
Das ist nur der erste Eindruck, aber in
Wirklichkeit kann nur die Vergebung
die Welt in eine friedliche und bessere
Zukunft führen.
Diese Bereitschaft zur Vergebung muss
im Kleinen beginnen: in der Familie, in der
Partnerschaft, im Freundeskreis, in der
Schulklasse, in den Vereinen ...

Wenn ich dir vergebe, zeige ich
wahre Stärke!

Arthur Thömmes

Vergebung und Vergeltung

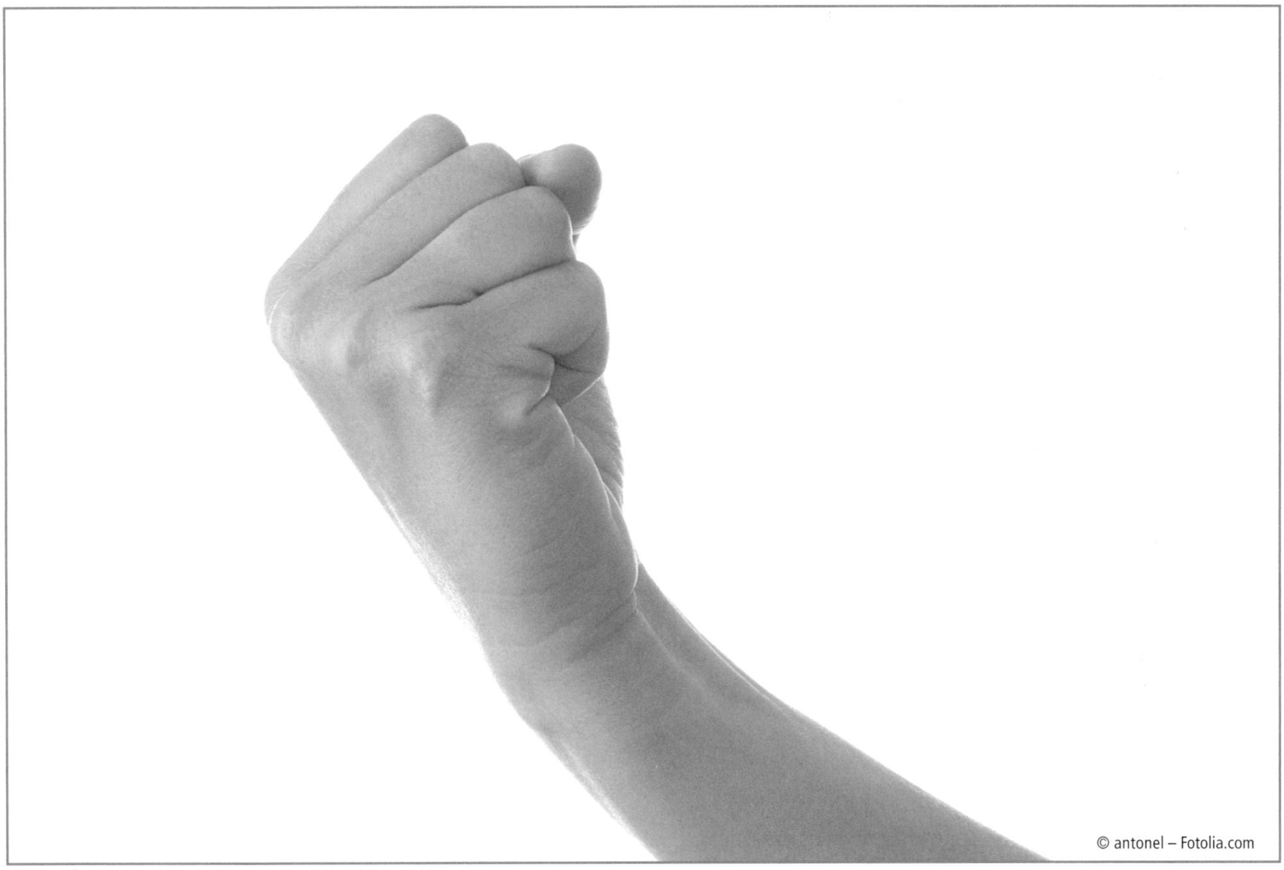

Vergeltung

Vergebung

Das Vokabular der Vergebung und Vergeltung

Ablehnung, Antipathie, Sympathie, Distanz, Friede, Einschüchterung, Herrschaft, Liebe, Genugtuung, Aggression, Deeskalastion, Hass, Konflikt, Leiden, Harmonie, Macht, Problem, Rache, Verständnis, Streit, Verbitterung, Vorwürfe, Wut, Wiedergutmachung, Zerwürfnis, Aussöhnung, Drohung, Konfliktlösung, Kontrolle, Lösungssuche, Angst, Zerstörung, Mitgefühl, Nähe, Gewalt, Nachsicht, Schuld, Rücksichtnahme, Neid, Versöhnung, Verzeihung, Barmherzigkeit, Waffenruhe, Zufriedenheit, Eskalation, Feindschaft

Vergebung	Vergeltung

Aufgaben

1. **Schreibe unter die Begriffe „Vergebung" und „Vergeltung" jeweils alle passenden Begriffe aus der Wörtersammlung oben.**
2. **Bildet als Klasse zwei Gruppen „Vergebung" und „Vergeltung". Die Begriffe werden unter den Gruppenmitgliedern verteilt. Notiere zu deinem Begriff einen Satz, der diesen näher erläutert, z. B.:** *„Ich bin der Streit und ich bringe Uneinigkeit!"*

 © Verlag an der Ruhr | Autor: Arthur Thömmes | ISBN 978-3-8346-3733-8 | www.verlagruhr.de

… und wir alle

Gutes tun

Darum geht's

Im Mittelpunkt dieser Unterrichtsstunde steht die Frage *„Was ist ein guter Mensch?"* oder konkreter *„Bin ich ein guter Mensch?"*.
Die Fragestellungen machen deutlich: Statt mit dem Finger auf andere zu zeigen, sollte ich mich an der eigenen Nase fassen.
Natürlich wäre die Frage *„Was ist ein schlechter Mensch?"* viel einfacher zu beantworten. Aber in dieser Unterrichtsstunde sollen die Schüler ganz konkret Situationen in den Blick nehmen, in denen sich die Beteiligten als „gute", d. h. moralisch integre, mitfühlende und hilfsbereite Menschen erweisen können: *„Wie würde ich mich verhalten und warum tue ich dies so und nicht anders?"*
Natürlich ist der Ausdruck „guter Mensch" vereinfachend, vereint jedoch in seiner Einfachheit die Komplexität eines moralisch vorbildlichen Verhaltens und kommt den Schülern entgegen, da sich jeder etwas unter dem Ausdruck „guter Mensch" vorstellen kann.

Kompetenzen

Die Schüler …

- wählen aus vorgegebenen Verhaltensweisen eine aus, die in einer bestimmten Situation im Hinblick auf moralisch gutes Verhalten angebracht wäre.
- nennen Eigenschaften, die einen „guten Menschen" charakterisieren.

Klassenstufe

5–10

Material

- Folienvorlage „Bist du ein guter Mensch? Ein Test" (S. 88)
- Arbeitsblatt „Was ist ein guter Mensch? Entscheidungshilfen" (S. 89)
- kleine Notizzettel für 3 Schüler
- ggf. Beamer oder Overheadprojektor
- ggf. 3 Smartphones bzw. Tablets, Beamer, QR-Code-Reader, Rechner mit Internetzugang

Vorbereitung

Erstellen Sie von der Folienvorlage „Bist du ein guter Mensch? Ein Test" (S. 88) eine Präsentationsvorlage (für den Beamer oder wahlweise Overheadprojektor) oder fertigen Sie vergrößerte Kopien der beiden Fotos zum Zeigen an. – Eine alternative, sehr motivierende interaktive Möglichkeit, die Fragen der Folienvorlage „Bist du ein guter Mensch? Ein Test" (S. 88) umzusetzen, bietet „Kahoot" (siehe getkahoot.com). Mit diesem Tool können Sie ein Quiz, eine Diskussion oder eine Umfrage anlegen. Ein Video mit anschaulicher Anleitung findet sich hier:

Youtube-Video zum Einsatz von „Kahoot" im Unterricht

Kopieren Sie das Arbeitsblatt „Was ist ein guter Mensch? Entscheidungshilfen" (S. 89) zusätzlich im Klassensatz.

Stundenverlauf

Einstieg

ca. 10 Minuten

Schreiben Sie groß an die Tafel die Frage: „Bist du ein guter Mensch?"
Lassen Sie die Frage auf die Schüler wirken und warten Sie die Reaktionen ab. Manche werden sofort „Ja" sagen, andere werden unsicher antworten: „Ich weiß es nicht!". Vielleicht sagt auch jemand „Nein!" Sicher wird sich eine weitere Frage ergeben: „Was ist denn ein guter Mensch?" oder „Wodurch zeichnet sich ein guter Mensch aus?"

Erarbeitung

ca. 20 Minuten

Leiten Sie zur nächsten Phase über, indem Sie auf den nun folgenden Test eingehen:
„Ich möchte euch jetzt zu einem Test einladen. Dabei möchte ich mit euch der Frage nachgehen, was ein guter Mensch ist. Dazu werde ich euch mit einigen alltäglichen Situationen konfrontieren. Ich habt zu jeder Situation jeweils mehrere Antwortmöglichkeiten. – Los geht es!"

Es werden drei freiwillige Test-„Kandidaten" nach vorn gebeten. Blenden Sie die erste Situation ein und lesen Sie diese vor. Die Aufgabe für die Schüler besteht darin, sich für eine mögliche Reaktion zu entscheiden. Damit sich die „Kandidaten" nicht gegenseitig mit ihren Antworten beeinflussen, schreibt jeder den Buchstaben der Antwort, die er ausgewählt hat, auf einen Zettel. Die übrigen Schüler sind still und verfolgen das Spiel. (Wenn Sie den Test mit „Kahoot!" durchführen, benötigen die drei Schüler ihre Smartphones statt der Zettel und Sie einen PC mit Internetzugang sowie einen Beamer.)
Die Testpersonen halten ihre Zettel hoch und begründen nacheinander die ausgewählten Reaktionen. Die anderen Schüler können nach jeder vorgestellten Situation Fragen an die „Kandidaten" stellen.
Nach diesem Test, der ein Gefühl für „gutes" und damit moralisch integres Verhalten bei den Schülern abrufen soll, haben die Schüler die Möglichkeit, ähnliche Situationen aus ihrem Alltag und ihre jeweiligen Entscheidungen vorzustellen.

Abschluss

ca. 15 Minuten

In der Abschlussphase wird die ursprüngliche Fragestellung „Was ist ein guter Mensch?" wieder in den Blick genommen. In einem Unterrichtsgespräch werden zunächst Verhaltensweisen und Eigenschaften erarbeitet, die zur Charakterisierung eines „guten Menschen" dienen können. Anschließend bearbeiten die Schüler in Partnerarbeit das Arbeitsblatt „Was ist ein guter Mensch? Entscheidungshilfen" (S. 89), auf dem sie Tipps für ein hilfsbereites, zuvorkommendes Verhalten im Alltag notieren.

Bist du ein guter Mensch? Ein Test

Du beobachtest im Supermarkt, wie eine Mutter ihr Kind anbrüllt und schlägt. Was machst du?

a. Ich mische mich nicht ein. Es wird schon seine Gründe haben, warum die Mutter das Kind maßregelt.
b. Ich sage einem Mitarbeiter Bescheid oder spreche die Mutter selbst auf ihr Verhalten an.
c. Ich beschimpfe die Mutter als Rabenmutter.

Ein Rollstuhlfahrer versucht vergeblich, eine Bordsteinkante zu überwinden. Was tust du?

a. Ich schaue weg und gehe vorbei. Die Situation ist dem Rollstuhlfahrer sicherlich peinlich.
b. Ich helfe besser nicht. Der Rollstuhlfahrer ist bestimmt stolz, wenn er es allein schafft.
c. Ich gehe hin und und biete meine Hilfe an.

Die Kassiererin gibt dir beim Bezahlen 10 Euro zu viel raus. Was machst du?

a. Ich weise sie auf ihren Fehler hin.
b. Ich sage nichts und behalte das Geld. Es ist ja nicht ihr Geld.
c. Ich sage nichts, weil ich sie nicht bloßstellen will.

Du beobachtest, wie eine alte Frau 20 Euro verliert: Was machst du?

a. Ich hebe das Geld auf, um es der Frau zu bringen.
b. Ich stecke das Geld ein und gehe weiter.
c. Ich lasse das Geld liegen.

Dir gefällt das Geburtstagsgeschenk deines besten Freundes überhaupt nicht. Wie reagierst du?

a. Ich tue so, als würde es mir gut gefallen.
b. Ich lasse mir nichts anmerken und schenke es später weiter.
c. Ich freue mich, dass mein bester Freund an mich gedacht hat. In einem passenden Moment sage ihm aber, dass es leider nicht ganz meinen Geschmack trifft.

Eine Nachbarin bittet dich, ihr beim Rasenmähen zu helfen, da sie eine Verletzung am Arm hat. Wie verhältst du dich?

a. Ich erfinde eine Ausrede, um nicht zu helfen. Denn später wird bestimmt eine Gewohnheit daraus.
b. Ich helfe ihr natürlich. Bestimmt gibt es dafür eine gute Entlohnung.
c. Ich mache das natürlich gerne und ohne Gegenleistung.

Vor dir fällt auf der Straße ein älterer Herr um und schreit vor Schmerzen. Was machst du?

a. Die Situation ist mir unangenehm und ich schaue weg. Ein Erwachsener wird sicherlich helfen.
b. Ich gehe zu dem Mann hin und rufe den Rettungsdienst.
c. Ich helfe nicht, denn ich will nichts falsch machen.
d. Ich filme die Szene unauffällig mit meinem Smartphone.

Was ist ein guter Mensch? Entscheidungshilfen

1. *Ich achte darauf, dass ich keinen Menschen körperlich oder psychisch verletze!*
2. *Ich akzeptiere, dass jeder Mensch individuell ist!*
3. ……………………………………………………………………………………
4. ……………………………………………………………………………………
5. ……………………………………………………………………………………
6. ……………………………………………………………………………………
7. ……………………………………………………………………………………
8. ……………………………………………………………………………………
9. ……………………………………………………………………………………
10. ……………………………………………………………………………………
11. ……………………………………………………………………………………
12. ……………………………………………………………………………………
13. ……………………………………………………………………………………
14. ……………………………………………………………………………………
15. ……………………………………………………………………………………

Aufgabe

Formuliere oben Tipps und Anregungen für ein gutes und hilfsbereites Verhalten im Alltag. Zwei Aussagen sind bereits vorgegeben.

Gemeinsam geht es besser

Darum geht's

Eine Gemeinschaft zeichnet sich besonders dadurch aus, dass sich alle aufeinander verlassen können. Dabei ist es sehr wichtig, dass immer wieder miteinander geredet wird und nicht nur übereinander. Das gilt auch für eine Klassengemeinschaft. Die Schüler verbringen im Laufe der Jahre viel Zeit miteinander. Sie sollten sich in der Klassengemeinschaft wohlfühlen, denn ein gutes Miteinander hat auch einen Einfluss auf die Motivation und das Lernverhalten.
In dieser Unterrichtsstunde geht es um die Bedeutung der Gemeinschaft. Dazu bieten sich vor allem spielerische Methoden an. Für diese Unterrichtsstunde werden drei Spiele vorgeschlagen, aus denen Sie eine Auswahl treffen und diese an die Gegebenheiten Ihrer Lerngruppe anpassen können.
Wichtig sind dabei zwei Punkte:

1. Die Regeln des Spiels sollten gut erklärt und von allen Schülern verstanden werden.
2. Das Spiel sollte reflektiert werden, um die daraus resultierenden Erfahrungen besprechen und auf die Klassengemeinschaft übertragen zu können.

Kompetenzen

Die Schüler …

- erleben die Bedeutung der Gemeinschaft spielerisch und reflektieren diese.
- übertragen die Erfahrungen aus dem Spiel auf die Klassengemeinschaft und das soziale Lernen.

Klassenstufe

5–10

Material

- Materialblatt „Drei gruppendynamische Spiele“ (S. 92)
- Materialblatt „Die Geschichte von Jeder, Jemand, Irgendjemand und Niemand“ (S. 93)
- zu den Spielen passende Requisiten
- ggf. Beamer

Vorbereitung

Lesen Sie sich die kurzen Spielanleitungen „Drei gruppendynamische Spiele“ (S. 92) genau durch und entscheiden Sie, wie viele und welche Spiele Sie auswählen.
Schaffen Sie im Klassenraum Platz für die Umsetzung des Spiels/der Spiele.
Schreiben Sie den Text „Die Geschichte von Jeder, Jemand, Irgendjemand und Niemand“ (S. 93) vor Stundenbeginn an die Tafel oder präsentieren Sie diesen über einen Beamer.

Stundenverlauf

Einstieg

ca. 10 Minuten

Beginnen Sie die Stunde mit der Geschichte und bitten die Schüler, zu erklären, was genau passiert ist. Fragen Sie die Schüler dann nach der Aussage der Geschichte. Erarbeiten Sie mit ihnen gemeinsam die Erkenntnis: Ein Team funktioniert nur, wenn ein Miteinander besteht und sich alle aufeinander verlassen können. Dazu gehört auch, dass die Teammitglieder miteinander sprechen und nicht lediglich Vermutungen anstellen und es dadurch ggf. zu Missverständnissen, Enttäuschungen, Beschuldigungen und Konflikten kommt.

Erarbeitung

ca. 20 Minuten

Um spielerisch Teamarbeit zu erleben, führen die Schüler eines oder mehrere gruppendynamische Spiele durch (siehe Materialblatt „Gruppendynamische Spiele“, S. 92).
Folgende Spiele stehen zur Auswahl:

- Gordischer Knoten
- Teppich umdrehen
- Zollstock ablegen

Entscheiden Sie, wie viele und welches Spiel Sie einsetzen.
Erläutern Sie die Spielregeln und den Spielablauf genau. Erst wenn alle Schüler dies verstanden

haben, beginnt das jeweilige Spiel.
Falls einzelne Schüler nicht am Spiel teilnehmen können oder wollen (es sollten jedoch nach Möglichkeit alle mitspielen), geben Sie diesen Beobachtungsaufgaben.

Reflexion/Abschluss

ca. 15 Minuten

Im Anschluss an die Spielrunden werden die Spiele gemeinsam reflektiert:
Das Materialblatt bietet dazu einige Anregungen. Sprechen Sie mit den Schülern vor allem darüber, wie sich die Erfahrungen aus dem Spiel auf die Teamarbeit in der Klasse übertragen lassen.

- *„Was bringt uns in der Klasse weiter?/Was hemmt und beeinträchtigt unsere Klassengemeinschaft?"*
- *„Was können wir als Klassengemeinschaft aus dem Spiel lernen?"*
- *„Gab es ähnliche ‚knifflige' Situationen in unserer Klasse und wie haben wir das Problem gelöst?"*
- …

Am Ende der Stunde steht ein gedankliches und sprachliches Experiment, das die Schüler in Partnerarbeit durchführen sollen.

„Setzt in unsere Geschichte vom Anfang der Stunde Namen von Mitschülern ein. Dabei sollte vor allem dein Name (‚Ich') in unterschiedlichen Varianten darin vorkommen. Teilt euch dann mit, was euch dabei aufgefallen ist."

Drei gruppendynamische Spiele

Gordischer Knoten

8-10 Schüler stellen sich in einem Kreis eng zusammen (Schulter an Schulter). Sie schließen die Augen, strecken die Hände nach oben und ergreifen zwei beliebige Hände. Dabei ist darauf zu achten, dass nicht die Hand eines Nachbarn oder zwei Hände derselben Person ergriffen werden. Nun dürfen die Augen wieder geöffnet werden. Die Aufgabe besteht darin, den entstandenen Knoten zu entwirren, ohne die Hände loszulassen. Die Schüler müssen so über- und untereinander durchsteigen, bis sich aus dem Knoten eine oder mehrere geschlossene Ketten „entfalten".

Teppich umdrehen

Mehrere Schüler stehen auf einem Teppich (oder einer Decke). Die Anzahl der Schüler ist von der Größe des Teppichs abhängig. Alle sollten darauf gerade genug Platz zum Stehen haben. Die Aufgabe besteht darin, den Teppich komplett umzudrehen. Dabei darf niemand den Boden berühren.

Zollstock ablegen

Zwei Gruppen stellen sich in einer Reihe gegenüber und jeder streckt seine beiden Zeigefinger in Brusthöhe nach vorn. Die Finger der sich gegenüberstehenden Schüler sind im Reißverschlusssystem abwechselnd aneinandergereiht. Legen Sie nun einen Zollstock oder ähnlich langen Stab auf die Reihe ausgestreckter Finger. Die Aufgabe besteht darin, den Stab gemeinsam zum Boden zu führen und abzulegen, ohne dass er herunterfällt. Dabei müssen alle immer Kontakt zum Stock haben. Kein Finger darf auf den Zollstock gelegt werden. Wenn sich ein Finger von dem Zollstock löst, beginnt das Spiel von vorn. Die Schüler sollten gemeinsam eine Strategie entwickeln (z. B. einer gibt Kommandos), sobald sie merken, was nicht funktioniert.

Reflexionsfragen

- Wie habe ich mich gefühlt?
- Wie war das Miteinander innerhalb der Gruppe?
- Welche Rollen gab es in der Gruppe (Macher, Mitmacher, Miesmacher)?
- Gab es Personen mit besonderem Einfluss?
- Was hat gut funktioniert, was nicht?
- Wie war der Teamgeist? Wodurch war er zu spüren/zu erleben?
- Wie kam die Gruppe zur Lösung?
- Haben sich alle gleich stark an der Lösung der Aufgabe beteiligt?
- Was habe ich aus dem Spiel gelernt? Was ist mir schwer- bzw. leichtgefallen?
- Was kann die Spielerfahrung für unsere Klassengemeinschaft bedeuten?

Die Geschichte von Jeder, Jemand, Irgendjemand und Niemand

Dies ist eine kleine Geschichte über vier Kollegen namens **Jeder, Jemand, Irgendjemand** und **Niemand.**

Es ging darum, eine wichtige Arbeit zu erledigen und **Jeder** war sicher, dass sich **Jemand** darum kümmert.
Irgendjemand hätte es tun können, aber **Niemand** tat es.
Jemand wurde wütend, weil es **Jeder's** Arbeit war.
Jeder dachte, **Irgendjemand** könnte es machen, aber **Niemand** wusste, dass **Jeder** es nicht tun würde.
Schließlich beschuldigte **Jeder Jemand**, weil **Niemand** tat, was **Irgendjemand** hätte tun können.

Quelle: Bär, Christian; Fiege, Jens; Weiß, Markus: Anwendungsbezogenes Projektmanagement: Praxis und Theorie für Projektleiter, Springer Verlag: Berlin 2017, S. 6

Eine Variante der Geschichte mit beliebigen Schülernamen:

Dies ist eine kleine Geschichte über vier Mitschüler namens **Lukas, Lena, Clara** und **Jonas.**

Es ging darum, eine wichtige Arbeit zu erledigen, und **Lukas** war sicher, dass sich **Lena** darum kümmert.
Clara hätte es tun können, aber **Jonas** tat es.
Lena wurde wütend, weil es **Lukas´** Arbeit war.
Lukas dachte, **Clara** könnte es machen, aber **Jonas** wusste, dass **Lukas** es nicht tun würde.
Schließlich beschuldigte **Lukas Lena**, weil **Jonas** tat, was **Clara** hätte tun können.

Abgewandelt nach: Bär, Christian; Fiege, Jens; Weiß, Markus: Anwendungsbezogenes Projektmanagement: Praxis und Theorie für Projektleiter, Springer Verlag: Berlin 2017, S. 6

Helden des Alltags

Darum geht's

Es gibt sie wirklich, die „Helden des Alltags". Sie stehen selten in der Öffentlichkeit. Gelegentlich gibt es Zeitungsschlagzeilen oder Fernsehreportagen über sie. Die wirklichen Helden des Alltags wirken jedoch meist im Stillen, oft ganz unauffällig. Und doch bewirken sie etwas durch ihr Tun. Manchmal helfen sie einfach nur, weil sie eine Not beheben wollen. Und manchmal stecken sie auch andere Menschen an, ebenfalls für ihre Mitmenschen da zu sein.
In dieser Unterrichtsstunde suchen die Schüler nach alltäglichen Geschichten über Helden und berichten von Helden, die sie in ihrem Alltag erleben. Schließlich fragen sie sich, wie sie selbst zu einem „Helden des Alltags" werden könnten. Daraus kann eine spannende Suche nach den eigenen Möglichkeiten und Grenzen entstehen.

Kompetenzen

Die Schüler …

- recherchieren und benennen Beispiele von „Helden des Alltags".
- erörtern die besonderen Eigenschaften dieser Helden.

Klassenstufe

5–10

Material

- Arbeitsblatt „Internetrecherche ‚Helden des Alltags'" (S. 96)
- Arbeitsblatt „Urkunde für einen Helden" (S. 97)
- Buntstifte
- PCs mit Internetzugang; Laptops, Tablets oder Smartphones pro Arbeitsgruppe

Vorbereitung

Kopieren Sie die Arbeitsblätter „Internetrecherche ‚Helden des Alltags'" (S. 96) und „Urkunde für einen Helden" (S. 97) in Klassenstärke.
Da Sie für diese Stunde einen Internetzugang benötigen, sollten Sie vorher abklären, ob es eine funktionierende (!) WLAN-Verbindung in der Schule gibt. Falls keine Computer, Laptops oder Tablets zur Verfügung stehen, sollte pro Arbeitsgruppe ein Smartphone vorhanden sein. Falls keine Möglichkeit der Internetrecherche besteht, suchen Sie in der Vorbereitung selbst nach Beispielen und drucken Sie einige Schlagzeilen aus der Presse o. Ä. aus.

Stundenverlauf

Einstieg

ca. 15 Minuten

Schreiben Sie das Wort „HELD" in die Mitte der Tafel und sammeln Sie Assoziationen der Schüler dazu. Vermutlich werden die Schüler prominente „Helden", ihre Vorbilder oder Comic-Helden nennen. Sprechen Sie mit den Schülern über ihre Helden und über das, was sie zu solchen macht. Erweitern Sie den Begriff an der Tafel auf „HELDEN DES ALLTAGS". Lassen Sie die Schüler spekulieren, was damit gemeint sein könnte und Beispiele für heldenhafte Taten im Alltag nennen (z. B.: Jemand rettet einen Ertrinkenden).
Erörtern Sie mit den Schülern, welche Eigenschaften die Alltagshelden mitbringen bzw. was sie auszeichnet:

- *„Was kennzeichnet solche ‚Helden des Alltags'"?*
- *„Was unterscheidet sie von den prominenten Beispielen?"*
- *„Warum sind die ‚Helden des Alltags' auch ohne Bekanntheit herausragend?"*
- *„Wann wird eine Tat zur ‚Heldentat'"?*
- …

Typisch für einen solchen Helden ist: Er sieht eine Not, überlegt nicht lange (auch nicht, wenn er sich ggf. selbst in Gefahr bringt) und greift mutig ein.

Erarbeitung

ca. 15 Minuten

Während der Erarbeitungsphase haben die Schüler die Möglichkeit, im Internet nach weiteren Beispielen für „Helden des Alltags" zu suchen. Dabei notieren sie die gefundenen Schlagzeilen über heldenhafte Taten auf dem Arbeitsblatt „Internetrecherche ‚Helden des Alltags'" (S. 96) in Stichpunkten.

Reflexion/Abschluss

ca. 15 Minuten

Die Schüler stellen die Ergebnisse ihrer Recherche vor. Dabei beschreiben sie auch, was die jeweilige Person zu einem Helden macht. – Oder ist sie ggf. von den Medien dazu gemacht worden?

Leiten Sie nun über in den persönlichen und alltäglichen Lebensbereich der Schüler:
„Jeder von uns kennt auch solche Helden in seinem Leben. Vielleicht leben sie in der eigenen Familie, in der Nachbarschaft oder im gleichen Ort wie wir. Oft fallen solche Helden nicht auf, denn sie helfen meist unauffällig und ihre Taten werden nicht von den Medien bemerkt. Diese Menschen sehen die Not und packen zu."

Vielleicht kennen die Schüler solche Menschen und können davon berichten, wie sie helfend andere Menschen unterstützen.

Zum Schluss der Unterrichtsstunde erhalten die Schüler das Arbeitsblatt „Urkunde für einen Helden" (S. 97). Dabei handelt es sich um eine Urkunde, die die Schüler ausfüllen und gestalten. Es bieten sich mehrere Möglichkeiten an:

- Die Schüler stellen sich selbst eine Urkunde aus (wenn sie ggf. – angeregt durch diese Stunde – sich selbst an zu honorierende eigene Taten erinnern).
- Die Schüler füllen die Urkunde aus und schenken sie einem „Helden" aus ihrem persönlichen Umfeld. Das kann auch ein Mitschüler sein oder ein Lehrer, ein Elternteil oder jemand anderes aus der Familie.

Mit der Urkunde honorieren die Schüler vermeintliche Selbstverständlichkeiten und drücken Wertschätzung gegenüber den ausgewählten Personen aus. Wichtig ist dabei die Begründung für die Ausstellung dieser Urkunde. Diese Geste sollte nicht in Klamauk übergehen. Achten Sie daher darauf, dass die Schüler die Urkunde an reale Personen richten und mit ernst gemeinten Inhalten verknüpfen (Eigenschaften, Handlungen der Personen).

Internetrecherche „Helden des Alltags"

Schlagzeilen

-
-
-
-
-
-
-

Was zeichnet einen „Helden des Alltags" besonders aus?

-
-
-
-
-
-
-

Aufgaben

1. **Gebt in die Suchmaschine die Phrase „Helden des Alltags" ein und sucht unter den angezeigten Ergebnissen nach Berichten über mutige Menschen.**
2. **Schreibt oben die Schlagzeilen auf und unter der zweiten Überschrift in Stichpunkten, was die „Helden des Alltags" auszeichnet.**

Urkunde für einen Helden

Lorbeerkranz © Alexandru Dumitru – Fotolia.com

URKUNDE

Held des Alltags

Der Ehrentitel „Held des Alltags" wird mit Wirkung des heutigen Tages verliehen an:

____

Die Trägerin des Titels/der Träger des Titels hat sich verdient gemacht, indem er/sie

....

....

....

....

....

....

....

....

...., den ....

....

Unterschrift

Aufgabe

Du kannst diese Urkunde für dich selbst ausstellen oder für einen „Helden", den du kennst und den du auszeichnen willst. Begründe die Auszeichnung!

Konflikte lösen, aber wie?

Darum geht's

Unser Leben besteht nicht immer aus Zufriedenheit und Harmonie. Wo Menschen zusammenleben, kommt es zu Konflikten und Streit. Auch Kinder und Jugendliche kennen diese Situationen. Dabei erleben sie hautnah in der Schule, in ihren Familien oder im Freundeskreis, wie Konflikte ausgetragen werden oder wie versucht wird, Streitigkeiten zu schlichten, und eignen sich dabei nicht immer konfliktlösende und deeskalierend wirkende Kompetenzen an.
Somit hat die konstruktive Konfliktbearbeitung eine Lebensrelevanz und damit verbundene Konfliktlösungsstrategien gehören zu den wichtigen Kompetenzen, die wir Schülern vermitteln sollten. Daran kann im Rahmen des Unterrichts ganz konkret gearbeitet werden.
In dieser Unterrichtsstunde geht es darum, Konflikte zu erkennen und Möglichkeiten zu erarbeiten, die eine Deeskalation oder sogar eine Streitschlichtung herbeiführen.

Kompetenzen

Die Schüler …

- erkennen, wann es zu einem Konflikt kommt.
- erarbeiten Möglichkeiten, um Konflikte konstruktiv zu bearbeiten.
- lernen, für ihre alltäglichen Konflikte Verantwortung zu übernehmen.

Klassenstufe

5–10

Material

- Arbeitsblatt „Ich bin der Konflikt!" (S. 100)
- Arbeitsblatt „Ich bin der Friede!" (S. 101)
- ggf. Smartphone/Tablet und Audio-App zum Aufnehmen

Vorbereitung

Kopieren Sie die beiden Arbeitsblätter „Ich bin der Konflikt!" (S. 100) und „Ich bin der Friede!" (S. 101) in Klassenstärke.
Falls Sie die Sprechcollage (siehe unten) aufnehmen möchten, bereiten Sie das Aufnahmegerät (z. B.: Smartphone oder Tablet) vor.

Stundenverlauf

Einstieg

ca. 20 Minuten

Laden Sie die Schüler zu einer spontanen schauspielerischen Übung ein:
„Stellt euch vor, wir sind heute in einer Vorstellungsrunde. Euer Name lautet ‚Konflikt'.

- *Mit welchen Worten würdest du dich vorstellen?*
- *Wie würdest du dich in einem kurzen Satz beschreiben? (‚Ich bin der Konflikt und ich …')"*

Die Schüler machen einige Vorschläge, die kurz gemeinsam besprochen werden:

- Trifft diese „Selbstbeschreibung" zu?
- Fehlen ggf. wichtige Eigenschaften?

Daran anschließend erhalten die Schüler das Arbeitsblatt „Ich bin der Konflikt!" (S. 100) und versuchen, in Partnerarbeit die aufgelisteten Begriffe sprachlich umzusetzen. Dabei kann auch durch die Gestaltung des Sprechens (Lautstärke, Tonhöhe usw.) die Aussage verstärkt werden.
Die Schüler werden nun eingeladen, gemeinsam in einer Art Sprechcollage ihre Ergebnisse vorzustellen. Dazu können die einzelnen Begriffe nacheinander oder in kleinen Gruppen (Wortzusammenstellungen von mehreren Begriffen) vorgestellt werden. Dabei wird ein großes Sprachgewirr entstehen, das aber so gewollt ist. Es untermauert plakativ die Bedeutung des Konfliktvokabulars.
Wenn Sie möchten, können Sie die Sprechcollage aufnehmen, um ihre Wirkung noch plakativer zu machen.
Nach dieser Aktion berichten die Schüler, wie es ihnen dabei ergangen ist und was ihnen diese Aufgabe in Bezug auf Konflikte verdeutlicht hat.

- → Das Konfliktvokabular ruft in uns negative Assoziationen hervor, lässt uns ggf. zusammenzucken oder in die Offensive und Abwehr gehen.
- → Wenn die Begriffe sprachlich entsprechend untermauert werden, verstärkt sich ihre (negative) Wirkung noch.
- → Einige Begriffe implizieren bereits, dass man dazu neigt, sie laut, abfällig, herausfordernd, missbilligend oder anderweitig stärker betont auszusprechen.
- → Wie bei einem Streit/Konflikt häufig vorkommend, werfen sich die Schüler bei der Sprechcollage Begriffe/Sätze an den Kopf bzw. in den Raum, was die Situation der Eskalation und Sinnlosigkeit einer solchen Auseinandersetzung in einem Streit(gespräch) verdeutlicht und körperlich spüren lässt (über die Lautstärke, das Wirrwarr der Stimmen, die Turbulenzen etc.).

Erarbeitung

ca. 20 Minuten

In dieser Unterrichtsphase steht die folgende Frage im Mittelpunkt:

⊙ *„Wie kann ich dem Konflikt entgegentreten und seine Helfer besänftigen?"*

Dazu setzen sich die Partner erneut zusammen und erhalten nun das Arbeitsblatt „Ich bin der Friede!" (S. 101). Auch hier geben sie den Begriffen wieder eine Sprache, gehen aber noch einen Schritt weiter.

An konkreten Situationen und Beispielen aus ihrem Alltag sollen sie die gegensätzlichen Begriffe in einen Dialog treten lassen, um auf diese Weise spielerisch Möglichkeiten der Konfliktlösung zu erarbeiten.
So kann z.B. die „Wut" auf das „Zuhören" treffen.

- → Was wird passieren, wenn die „Wut" plötzlich spürt, dass sie angenommen wird. Wird sie sich verändern?

Die Schüler sollen experimentieren und dabei immer konkrete Lebenssituationen im Blick behalten. So kann vielleicht ein spannender Prozess entstehen, der verdeutlicht, dass Konflikte konstruktiv bearbeitet werden können.
Für die Schlussrunde können die einzelnen Gruppen beispielhaft einen Dialog einüben. Dabei kann auch die Möglichkeit gegeben werden, die Dialoge auf dem Smartphone aufzunehmen.

Abschluss

ca. 5 Minuten

In der kurzen Abschlussrunde werden die erarbeiteten Beispiele vorgestellt.
Ermuntern Sie die Schüler dabei, sich nicht in Konflikte zu vertiefen, sondern immer die Möglichkeiten der Streitschlichtung im Blick zu behalten.

„Ich bin der Konflikt!"

Das Vokabular des Konfliktes:

1. Aggression
2. Ärger
3. Anfeindung
4. Angriff
5. Angst
6. Auseinandersetzung
7. Bedrohung
8. Behauptung
9. Beleidigung
10. Beschimpfung
11. Beschuldigung
12. Demütigung
13. Eskalation
14. Feindschaft
15. Gegner
16. Gerücht
17. Gewalt
18. Hass
19. Intrige
20. Konflikt
21. Kontroverse
22. Kritik
23. Lüge
24. Missgunst
25. Misstrauen
26. Provokation
27. Rache
28. Rivalität
29. Streit
30. Verletzung
31. Vertrauensverlust
32. Vorwurf
33. Warnung
34. Widersacher
35. Wut

Aufgaben

1. **Suche mit einem Partner zusammen ein Wort aus dem „Vokabular des Konfliktes" aus.**
2. **Stellt euch vor, der von euch gewählte Begriff könnte sich selbst vorstellen.**
   – Wie würden seine Worte lauten?
   Beispiele: „Ich bin der Konflikt. Wo ich auftauche, herrscht Unfrieden!"
   „Ich bin der Vorwurf. Ich greife andere sofort an!"
   „Ich bin die Feindschaft. Ich sorge dafür, dass sich die Menschen hassen!"
   Schreibe hier auf, was der von euch gewählte Begriff über sich sagen würde:

....

....

 © Verlag an der Ruhr | Autor: Arthur Thömmes | ISBN 978-3-8346-3733-8 | www.verlagruhr.de

„Ich bin der Friede!"

Das Vokabular des Friedens:

1. Achtsamkeit
2. Anteilnahme
3. Aufmerksamkeit
4. Ausgeglichenheit
5. Behutsamkeit
6. Ehrlichkeit
7. Einigkeit
8. Entschlossenheit
9. Friede
10. Freundlichkeit
11. Freundschaft
12. Gemeinschaft
13. Glück
14. Harmonie
15. Kooperation
16. Miteinander
17. Mitgefühl
18. Mut
19. Nähe
20. Respekt
21. Rücksichtnahme
22. Selbstbeherrschung
23. Sympathie
24. Verbundenheit
25. Verlässlichkeit
26. Vernunft
27. Verständnis
28. Vertrauen
29. Verzeihen
30. Wertschätzung
31. Zufriedenheit
32. Zuhören

Aufgaben

1. **Suche mit einem Partner zusammen ein Wort aus dem „Vokabular des Friedens" aus.**
2. **Stellt euch vor, der von euch gewählte Begriff könnte sich selbst vorstellen.**
   – Wie würden seine Worte lauten?
   Beispiele: *„Ich bin die Harmonie. Ich verbreite Ruhe und Entspannung."*
   „Ich bin der Mut. Ich spreche Dinge furchtlos an."
   Schreibe hier auf, was der von euch gewählte Begriff über sich sagen würde:

   ……………………………………………………………………………………………………

   ……………………………………………………………………………………………………

3. **Was würde passieren, wenn sich „Konflikt" und „Friede" unterhalten? Inszeniert ein Gespräch mit unterschiedlichen „Teilnehmern", d. h. mit unterschiedlichen Begriffen aus dem „Vokabular des Konfliktes" und dem „Vokabular des Friedens", wie „Misstrauen – Vertrauen", „Feindschaft – Freundschaft", „Angst – Mut", „Beschimpfung – Rücksichtnahme" etc.**
   Schreibt diese Gespräche als Dialoge auf.
4. **Wählt ein konkretes Beispiel aus den Dialogen aus und führt es vor.**

Höflichkeit, Respekt und gutes Benehmen

Darum geht's

Es gab Zeiten, da wurden Kinder vor allem am Tisch erzogen. Dort gab es beim gemeinsamen Essen viele Anknüpfungspunkte, um über gutes Benehmen zu sprechen. Die Eltern gingen mit gutem Beispiel voran und demonstrierten das gewünschte Verhalten und/oder mahnten das ungewünschte Verhalten an. („Mit vollem Mund spricht man nicht!"/„Die Hände gehören auf den Tisch!"/„Während des Essens steht man nicht auf." etc.). Doch der gemeinsame Mittagstisch ist heute in vielen Familien eher eine Seltenheit geworden und viele der Benimmregeln werden nicht mehr so hoch gehalten, wie es noch bei den früheren Generationen der Fall war. Höflichkeit und gutes Benehmen (wozu auch gute Tischmanieren gehören) sind jedoch nach wie vor Kompetenzen, die in vielen gesellschaftlichen Kontexten (z. B. im Berufsleben) wichtig sind.
Die folgende Unterrichtseinheit steht im Dienste von Höflichkeit, Respekt und gutem Benehmen. Beispielhaft sollen die Schüler gute Umgangsformen für konkrete Alltagssituationen kennenlernen, diskutieren und einüben. Auch weit verbreitete „Das macht man nicht!"-Sätze untersuchen sie dabei kritisch.

Kompetenzen

Die Schüler …

- benennen konkrete Umgangsformen und setzen sich mit ihnen auseinander.
- stellen Beispiele guten Benehmens vor.

Klassenstufe

5–10

Material

- Arbeitsblatt „Höflichkeit, Respekt und gutes Benehmen" (S. 104)

Vorbereitung

Kopieren Sie das Arbeitsblatt „Höflichkeit, Respekt und gutes Benehmen" (S. 104) in Klassenstärke.

Stundenverlauf

Einstieg

ca. 10 Minuten

Lesen Sie zu Beginn den folgenden Text vor:

„Neulich fuhr ich nach der Schule gemeinsam mit ein paar Freunden in einem überfüllten Bus nach Hause. Eine ältere Frau stieg ein und konnte keinen Sitzplatz mehr finden. Es stand auch niemand auf, um ihr seinen Platz anzubieten.
Da sprach die Frau einen meiner Freunde direkt an: ‚Steh gefälligst auf! Ich muss mich setzen.'
Der erwiderte: ‚Ich bin total erschöpft von der Schule. Außerdem habe ich meinen Fahrpreis genauso bezahlt wie Sie.'
Kaum hatte er das ausgesprochen, begann eine lautstarke Beschimpfung durch andere Fahrgäste.
‚Die Jugend von heute hat kein Benehmen mehr!'
‚Die haben doch alle keinen Respekt mehr vor Erwachsenen!'
‚Die denken doch nur an sich und sind rücksichtslos in ihrem Verhalten!'
‚Ich glaube, es liegt an der schlechten Erziehung. Eltern von heute haben keine Kontrolle mehr über ihre Kinder, weil sie keine Grenzen setzen.'
‚Die jungen Leute hören überall laute Musik und haben ständig ihr Handy am Ohr und nehmen keine Rücksicht auf andere.'
Fragend und etwas in Verlegenheit gebracht verließen wir den Bus an der nächsten Haltestelle. Sind wir Jugendlichen wirklich so schlimm? Warum schimpfen ältere Menschen immer auf die Jugend? Waren die Jugendlichen früher echt anders?"

Fragen Sie die Schüler, wie sie den geschilderten Vorfall sehen und was ihnen in der Schilderung auffällt.

Erarbeiten Sie in einem Unterrichtsgespräch die Frage, warum die Jugend zu allen Zeiten als vermeintlich problematisch wahrgenommen wurde, immer noch wahrgenommen wird und dies vermutlich auch in Zukunft immer noch so sein wird. Sammeln Sie mit den Schülern Beispiele, die dies verdeutlichen. Hier können durchaus auch peinliche Situationen oder Fettnäpfchen beschrieben werden. Leiten Sie zum Kern der Unterrichtsstunde und der nächsten Phase über: *„Wir wollen uns heute mit guten Umgangsformen beschäftigen. Dabei wollen wir auch herausfinden, wie gute Manieren in bestimmten Situationen konkret aussehen können."*

Erarbeitung

ca. 20 Minuten

Es werden mehrere Gruppen gebildet und darin die unterschiedlichen Aussagen/Fragen diskutiert. Jede Gruppe wählt aus den Sprechblasen auf dem Arbeitsblatt „Höflichkeit, Respekt und gutes Benehmen" (S. 104) schließlich eine der Aussagen/Fragen aus:

- *„Leg dein Smartphone bei Gesprächen oder beim gemeinsamen Essen beiseite. Du musst nicht ständig erreichbar sein!"*
- *„Sind die Zauberwörter ‚danke' und ‚bitte' heute noch zeitgemäß?"*
- *„Mein Verhalten ist meine persönliche Visitenkarte!"*
- *„Sprich nicht mit vollem Mund!"*
- *„Nachlässige Kleidung macht keinen guten Eindruck!"*
- *„Bei der Begrüßung sollte man sich die Hände schütteln!"*
- *„Wenn ich einen Fehler gemacht habe, entschuldige ich mich natürlich sofort!"*
- *„Warum soll ich einen guten Eindruck machen und mich benehmen, wenn mir nicht danach ist?"*
- *„Gutes Benehmen bei WhatsApp oder Facebook – wie geht das?"*

Die einzelnen Aussagen/Fragen sollen dann ganz konkret in Alltagssituationen dargestellt werden. Die Schüler erarbeiten ein oder mehrere Beispielsituationen, in der/denen die von ihnen ausgewählten Aussagen und dahinterstehenden Konventionen/Regeln zur Anwendung kommen. Diese Situationen halten sie schriftlich fest – z. B. als Dialoge oder kurze Erzähltexte.

Reflexion/Abschluss

ca. 15 Minuten

In der letzten Unterrichtsphase reflektieren die Schüler über die Gespräche in den Gruppen und präsentieren ihre Darstellungen. Diese werden im Plenum diskutiert.
Bündeln Sie nach der Präsentation aller Ergebnisse den Inhalt der Unterrichtseinheit im Hinblick auf ein positives, Höflichkeit und gutes Benehmen bestärkendes Ergebnis:
„Mit Höflichkeit und guten Umgangsformen erweisen wir unseren Mitmenschen und Gesprächpartnern Respekt. Gute Umgangsformen erleichtern uns das Zusammenleben und machen das Leben einfacher. Das, was wir von den anderen erwarten, geben wir im Gegenzug durch unser Verhalten vor. So hat jeder etwas davon. Darüber hinaus haben es Menschen mit guten Umgangsformen einfacher. Denn Menschen, die sich gut benehmen können, werden geschätzt."

Höflichkeit, Respekt und gutes Benehmen

„Sind die Zauberwörter ‚danke' und ‚bitte' heute noch zeitgemäß?"

„Leg dein Smartphone bei Gesprächen oder beim gemeinsamen Essen beiseite. Du musst nicht ständig erreichbar sein!"

„Warum soll ich einen guten Eindruck machen und mich benehmen, wenn mir nicht danach ist?"

„Sprich nicht mit vollem Mund!"

„Bei der Begrüßung sollte man sich die Hände schütteln!"

„Mein Verhalten ist meine persönliche Visitenkarte!"

„Nachlässige Kleidung macht keinen guten Eindruck!"

„Gutes Benehmen bei WhatsApp oder Facebook – wie geht das?"

„Wenn ich einen Fehler gemacht habe, entschuldige ich mich natürlich sofort!"

Aufgaben

1. **Unterhaltet euch in der Gruppe zunächst über die Aussagen und Fragen. Tauscht dabei auch die unterschiedlichen Standpunkte aus!**
2. **Wählt eine Aussage/Frage aus. Stellt euch eine oder mehrere konkrete Situationen vor, in denen diese Aussage oder Frage eine zentrale Rolle spielt. Schreibt einen Dialog oder einen Text, der diese Situation verdeutlicht. Der Text oder Dialog sollte die Bedeutung der jeweiligen Frage/Aussage veranschaulichen.**

  Autor: Arthur Thömmes | ISBN 978-3-8346-3733-8 | www.verlagruhr.de

Benimmregeln für den digitalen Alltag

Darum geht's

Mobbing unter Kindern und Jugendlichen ist nach wie vor ein zentrales Thema. Im Zeitalter der sozialen Medien hat es zudem eine neue Dimension angenommen. Cybermobbing nennen dies Experten und meinen damit Beschimpfungen, Beleidigungen, Belästigungen, Diskriminierungen oder falsche Darstellungen im Internet, in sozialen Netzwerken oder per Smartphone. In dieser Unterrichtsstunde erstellen die Schüler Benimmregeln für ihren digitalen Alltag und erarbeiten eine Liste mit angemessenen und respektvollen Verhaltensweisen innerhalb der digitalen Medien.

Kompetenzen

Die Schüler …

- benennen und reflektieren ihre Erfahrungen mit Cybermobbing.
- entwickeln Möglichkeiten eines respektvollen und achtsamen Verhaltens in der Netzkommunikation und bewerten diese kritisch.

Klassenstufe

5–10

Material

- Arbeitsblatt „Benimmregeln für Smartphone, Internet & soziale Netzwerke" (S. 107)
- Flipchart-Papier oder Plakat für jede Gruppe
- Marker für jede Gruppe
- Befestigungsmaterial
- ggf. Smartphones oder Tablets mit QR-Code-Reader für jede Gruppe

Vorbereitung

Kopieren Sie das Arbeitsblatt „Benimmregeln für Smartphone, Internet & soziale Netzwerke" (S. 107) für jede Gruppe.
Stellen Sie sicher, dass die Gruppen jeweils über ein Smartphone oder Tablet mit QR-Code-Reader verfügen. Alternativ können Sie den Unterrichtseinstieg auch anders gestalten und auf den Kurzfilm, zu dem der QR-Code führt, verzichten.
Schneiden Sie in dem Fall den oberen Teil des Arbeitsblattes „Benimmregeln für Smartphone, Internet & soziale Netzwerke" (S. 107) ab. Legen Sie die Plakate und Marker für die Gruppenarbeit bereit.

Stundenverlauf

Einstieg

ca. 10 Minuten

Es werden gleich zu Beginn der Unterrichtseinheit mehrere Arbeitsgruppen mit je ca. drei bis vier Schülern gebildet. Die Schüler erhalten das erste Arbeitsblatt „Benimmregeln für Smartphone, Internet & soziale Netzwerke" (S. 107) und schauen sich in den Gruppen über den QR-Code den Kurzfilm „Geh dazwischen! Zeig Zivilcourage im Netz!" an. Angeregt durch den Film, berichten die Schüler im Anschluss von ihren eigenen Erfahrungen mit unterschiedlichen Formen von Mobbing in digitalen Medien.
Mögliche Leitfragen können sein:

- *„Wann hast du dich schon einmal in sozialen Netzwerken provozierend, respektlos und abwertend verhalten? Beschreibe die Situation: Wie kam es dazu? Was wolltest du damit erreichen? Was hat es bewirkt? Wie hast du dich gefühlt?"*
- *„Warst du selbst einmal Opfer einer Cybermobbing-Attacke? Beschreibe die Situation: Wie hast du dich gefühlt?"*

Erarbeitung

ca. 20 Minuten

Leiten Sie zur Erarbeitung über und weisen die Gruppen auf den zweiten Teil des Arbeitsblattes „Benimmregeln für Smartphone, Internet & soziale Netzwerke" (S. 107) hin.
Dort befindet sich eine Wortwolke, die als Grundlage für die weitere Gruppenarbeit dient. Die Begriffe sollen den Schülern als Aufhänger dienen, zehn Regeln zu erstellen, die den digitalen Alltag erleichtern können.

Dabei geht es um ganz konkrete Anregungen für ein respektvolles und achtsames Verhalten in und mit digitalen Medien.
Solche Benimmregeln könnten lauten:

1. *„Wähle eine Lautstärke, die niemanden stört, wenn du Musik oder Videos hörst."*
2. *„Verletze niemanden durch peinliche Fotos!"*
3. *„Wähle passende Emojis, um die Kommunikation zu unterstützen und deine Aussagen verständlicher zu machen."*
4. …

Die einzelnen Anregungen, Tipps und Regeln werden von den Gruppen auf je einen Bogen Flipchart-Papier oder ein Plakat geschrieben. Die Plakate werden im Raum aufgehängt.

Präsentation und Reflexion

ca. 15 Minuten

In Form eines Galeriegangs haben die Schüler am Ende der Stunde die Möglichkeit, die Ergebnisse anzuschauen und durchzulesen. Dabei sollten Fragen, Anmerkungen und ein Austausch möglich sein.
Sinnvoll ist es, diese Unterrichtseinheit fortzusetzen, um sich als Klasse z. B. auf die 10–15 wichtigsten gemeinsamen Regeln zu einigen.

Tipps

- Im Internet findet sich eine Vielzahl an Seiten, die viele Anregungen zum Thema (Stichwort „Netiquette" bzw. „Internet-Knigge") bieten.
- Hilfreich wäre es bei diesem Thema auch, Experten einzuladen, die die Schüler über Möglichkeiten und Gefahren der Netznutzung aufklären.

Benimmregeln für Smartphone, Internet & soziale Netzwerke

Film „Geh dazwischen! Zeig Zivilcourage im Netz!"

Aufgabe

Der QR-Code führt euch zu einem kurzen Film zum Thema Cybermobbing. Welche Erfahrungen habt ihr mit dem Thema bisher gemacht? Tauscht euch darüber in der Klasse aus.

Aufgabe

Die Wortwolke enthält eine Vielzahl an Begriffen, die im Zusammenhang mit digitalen Medien stehen. Wählt passende Begriffe aus und formuliert zehn Regeln zum respektvollen Umgang mit WhatsApp, Facebook, Snapchat, Instagram & Co. Präsentiert eure Ergebnisse auf einem Plakat.

Ich schenke dir ein gutes Wort

Darum geht's

Für das Zusammenleben (in der Familie, dem Verein oder der Schulklasse) ist es förderlich, bei sich und seinen Mitmenschen die positiven Eigenschaften, Stärken oder Talente wahrnehmen zu können und sie auch zu benennen.
Das fördert und stärkt die Gemeinschaft. In dieser Unterrichtsstunde steht ein Spiel im Mittelpunkt, bei dem die Schüler sich gegenseitig „ein gutes Wort schenken". Dabei geht es um Geben und Nehmen. Beides sind wichtige Vorgänge, die die Schüler bewusst vollziehen sollen. Und natürlich ist es dabei ebenso wichtig, die gemachten Erfahrungen zu reflektieren und gemeinsam zu überlegen, was diese Erfahrungen für die Gemeinschaft bedeuten können.

Kompetenzen

Die Schüler …

- geben anderen Schülern positive Rückmeldungen.
- nehmen positive Rückmeldungen von Mitschülern an.

Klassenstufe

5–10

Material

- Materialblatt „Ich schenke dir ein gutes Wort" (S. 110)
- Schere für jeden Schüler
- 4 Pinnadeln oder Klebeband für jeden Schüler
- Schreibstift für jeden Schüler

Vorbereitung

Kopieren Sie das Materialblatt „Ich schenke dir ein gutes Wort" (S. 110) in Klassenstärke. Es ist für die Bearbeitung hilfreich, wenn das Papier, auf das Sie das Materialblatt kopieren, stärker als übliches Kopierpapier ist (ca. 120 g/m^2).

Stundenverlauf

Einstieg

ca. 10 Minuten

Sprechen Sie einige Schüler an und loben Sie diese *(„Marc, ich finde es toll, wie du dich als Klassensprecher engagierst!")*.
Achten Sie darauf, dass Sie auch Schüler ansprechen, die eher unauffällig sind und nicht immer im Vordergrund stehen *(„Lisa, ich bewundere deine Geduld und Konzentration in meinem Unterricht!")*. Fragen Sie die Schüler, was diese Komplimente (bei ihnen) bewirken:

- *„Kannst du das Lob gut annehmen? Warum/warum nicht?"*
- *„Was bedeutet es für einen Menschen, wenn nicht nur über seine Fehler, sondern auch über seine Stärken und seine Talente gesprochen wird?"*
- *„Wann hast du selbst das letzte Mal jemanden gelobt? Wie hat er reagiert?"*

Arbeiten Sie in einem Unterrichtsgespräch mit den Schülern die Bedeutung des Lobens und der in unserer Gesellschaft weit verbreiteten Defizitorientierung heraus.

Erarbeitung

ca. 20 Minuten

Nun erhält jeder Schüler das Materialblatt „Ich schenke dir ein gutes Wort" (S. 110). Darauf befinden sich vier Abschnitte. Auf jedem davon steht ein anderer Satzanfang:

- *„Du kannst …"*
- *„Du bist …"*
- *„Du hast …"*
- *„Ich mag an dir besonders …"*

Die Schüler zerschneiden zunächst das Materialblatt in vier Teile und füllen noch nichts aus. Erläutern Sie die Aufgabe:

„Bei der folgenden Übung geht es darum, einander ‚gute Worte' zu schenken. D.h., ihr sucht euch zunächst einen Partner aus und befestigt einander die vier Abschnitte mit den Satzanfängen auf dem Rücken an eurer Kleidung. Dann bewegt ihr euch ein wenig still im Raum. Jedes Mal, wenn ich ein Zeichen gebe, wendet ihr euch bewusst einem Mitschüler zu und schreibt ihm etwas Positives auf ein oder mehrere der angehefteten Blätter. Versucht, besonders denjenigen Mitschülern ein gutes Wort zu schenken, mit denen ihr sonst weniger zu tun habt oder bei denen ihr euch vielleicht noch nicht getraut habt, im persönlichen Kontakt bestimmte positive Eigenschaften anzusprechen."

Lassen Sie den Schülern angemessen viel Zeit für die Übung und achten Sie auf die entsprechende Ruhe und darauf, dass lediglich positive Einträge vorgenommen werden. Entscheiden Sie, wann die Übung beendet ist. Mit gegenseitiger Unterstützung nehmen die Schüler im Anschluss an die Übung die Blätter vom Rücken und lesen sich in aller Ruhe die Einträge durch.

Reflexion/Abschluss

ca. 15 Minuten

Leiten Sie nach der Übung zur Reflexion über: *„Ich bemerke viele strahlende Gesichter. Woran könnte das liegen?"*
Die Schüler geben Rückmeldung darüber, wie sie die guten Worte, die sie erhalten haben, wahrnehmen und was sie in ihnen bewirken.
Leitfragen dazu könnten sein:

- *„Was hat dich besonders überrascht und gewundert?"*
- *„Über welche Rückmeldung freust du dich am meisten?"*
- *„Ist es dir schwergefallen, positive Dinge zu schreiben bzw. anzunehmen?"*
- *„Kannst du dir eventuell vorstellen, auch im Alltag deinen Mitmenschen häufiger positive Rückmeldungen zu geben?"*
- *„Stellt euch vor, die Menschen würden nur positiv miteinander reden. Was würde sich in der Welt ändern? Was wäre gut/was schlecht?"*

Laden Sie die Schüler ein, in ihrem Alltag ein wenig mit Lob zu experimentieren und die Reaktionen der Menschen zu beobachten. Natürlich sollte das Lob echt sein!

Ich schenke dir ein gutes Wort

Du kannst …

Du bist …

Ich mag an dir besonders …

Du hast …

Aufgabe

Zerschneide das Blatt entlang der gestrichelten Linien.
Hefte die vier leeren Abschnitte einem Mitschüler an den Rücken.

Tipps für ein gutes und zufriedenes Zusammenleben

Darum geht's

Alle Menschen wollen ein gutes und zufriedenes Leben. Dies gilt für sie persönlich, aber auch für das Zusammenleben mit anderen Menschen. Das ist in der Realität des Lebens nicht einfach umzusetzen. Das erleben und spüren auch junge Menschen. Sie befinden sich in einer abenteuerlichen Phase ihres Lebens, in der sie vieles ausprobieren können. Sie fallen auf die Nase, sind enttäuscht und ziehen ihre Lehren daraus. Oder sie spüren, dass sie auf dem richtigen Weg sind. Bei dieser Suche nach dem richtigen Weg spielt das Elternhaus eine wichtige Rolle. Aber auch die Schule kann Wegweiser sein. In dieser Unterrichtsstunde sollen die Schüler über eine Vielzahl an Tipps und Anregungen für ein gutes, zufriedenes Leben miteinander ins Gespräch kommen. Dabei soll deutlich werden, dass es kein Rezept gibt oder den einzig richtigen Weg. Alles ist im Fluss.

Kompetenzen

Die Schüler …

- bewerten und hinterfragen Anregungen und Lebensentwürfe kritisch.
- nehmen Impulse auf und ziehen sie als Möglichkeit für ihren persönlichen Lebensentwurf in Betracht.

Klassenstufe

7–10

Material

- Arbeitsblatt „Tipps für ein gutes Zusammenleben" (S. 113)
- Flipchart-Papier oder Plakat für jede Gruppe
- Marker für jede Gruppe

Vorbereitung

Kopieren Sie das Arbeitsblatt „Tipps für ein gutes Zusammenleben" (S. 113) in Klassenstärke. Legen Sie die Plakate und Marker für die Gruppenarbeit bereit.

Stundenverlauf

Einstieg

ca. 10 Minuten

Beginnen Sie die Stunde mit folgenden Worten:
„Wenn wir die täglichen Nachrichten hören, dann bekommt man schnell den Eindruck, dass es in unserer Welt nur Unfrieden, Konflikte und Krieg gibt. Das kann uns gleichgültig sein oder uns traurig oder sogar wütend machen. Jeder Mensch träumt eigentlich von einer guten Welt und einem zufriedenen Leben. Was meint ihr: Gibt es dafür ein Rezept? Und kennt ihr Menschen, denen es gelingt, ein zufriedenes Leben zu führen trotz Katastrophenmeldungen, Hunger und Krieg in der Welt?"

Sprechen Sie mit den Schülern über ihre Erfahrungen und ihre Einstellungen dazu und leiten Sie zum nächsten Aspekt über:
„Bei einem erfüllenden Leben geht es nicht nur um den Aspekt der Selbstverwirklichung. Wir leben nicht auf einer einsamen Insel, sondern immer auch in einer Gemeinschaft, in der wir uns anpassen und auch Kompromisse schließen müssen."

Besprechen Sie mit den Schülern folgende Gesichtspunkte:

- *„Welche richtungsweisenden Hilfen geben das Elternhaus, die Schule oder Freunde, damit man seinen Weg im Leben findet?"*
- *„Inwiefern sind deren Ratschläge hilfreich/hinderlich?"*

Erarbeitung

ca. 20 Minuten

Die Schüler erhalten das Arbeitsblatt „Tipps für ein gutes Zusammenleben" (S. 113). Zunächst beschäftigt sich jeder Schüler in Einzelarbeit damit, liest die Tipps durch und kennzeichnet sie mit verschiedenen Symbolen

! → Diese Aussage ist gut und hilfreich.
– → Damit bin ich nicht einverstanden bzw. das ist schwierig, umzusetzen.
? → Das habe ich nicht richtig verstanden.

Es werden mehrere Gruppen mit je drei bis vier Schülern gebildet, die sich Schritt für Schritt kritisch mit den einzelnen Tipps auseinandersetzen:

- *„Inwieweit sind die Tipps alltagstauglich oder halten sie dem Alltag gar nicht stand?"*
- *„Welche Tipps bieten konkrete Hinweise für das eigene Leben?"*
- *„Welche Tipps sind leicht/schwer zu beherzigen und warum?"*

Nachdem alle Punkte besprochen wurden, entscheidet sich jede Gruppe für drei Tipps, die sie am meisten überzeugt haben. Diese schreibt die Gruppe auf ein vorbereitetes Plakat und überlegt sich Argumente/Beispiele zur Veranschaulichung der Tipps für die anschließende Präsentation.

Präsentation/Abschluss

ca. 15 Minuten

Die einzelnen Gruppen präsentieren ihre Tipps für ein gutes und zufriedenes Leben und erläutern ihre Entscheidung. Dabei kann es durchaus zu kontroversen Diskussionen kommen, denn es handelt sich um persönliche Lebenseinstellungen, die die Schüler ausdrücken dürfen.

Laden Sie die Schüler dazu ein, die *„Tipps für ein gutes und zufriedenes Zusammenleben"* mitzunehmen und älteren Menschen in ihrem Umfeld zu zeigen:

- → Was sagen sie aufgrund ihrer Lebenserfahrung zu den Anregungen?
- → Welche Anregung spielte in ihrem Leben eine wichtige Rolle?
- → Gibt es ergänzende Tipps der älteren Generationen?
- → Aus welcher Situation oder Erfahrung heraus sind sie entstanden?
- → Welcher der Tipps ist möglicherweise ungeeignet; welcher dagegen besonders richtungsweisend und warum?

Vielleicht ergibt sich die Möglichkeit, dass die Schüler die Ergebnisse ihrer Gespräche in einer weiteren Unterrichtseinheit miteinander vergleichen.

Tipps für ein gutes Zusammenleben

1.	Setze dir Ziele in deinem Leben und arbeite daran.	
2.	Sorge dich nicht um Nebensächlichkeiten, sondern genieße das, was du hast und bist.	
3.	Nimm dich wichtig genauso wie die Menschen um dich.	
4.	Schlafe dich aus, damit du immer fit bist.	
5.	Achte auf die kleinen Dinge des Lebens.	
6.	Versuche, zufrieden und bewusst zu leben.	
7.	Akzeptiere deine Gefühle und habe den Mut, sie zu zeigen.	
8.	Übernimm Verantwortung für dein Leben.	
9.	Versuche, herauszufinden, wer du bist und was du kannst und willst.	
10.	Akzeptiere deine Grenzen.	
11.	Sei ein guter Verlierer und ein fairer Gewinner.	
12.	Sorge für dich, ohne andere Menschen zu verletzen.	
13.	Achte auf deine Wünsche und Träume.	
14.	Sei aufgeschlossen für Neues.	
15.	Halte deine Versprechen.	
16.	Sei freundlich zu den Menschen und nachsichtig mit dir selbst.	
17.	Vertraue den Menschen, die dich lieben.	
18.	Halte dich in guter Gesellschaft auf.	
19.	Bleibe neugierig, denn nur so eroberst du dir die Welt.	
20.	Freue dich an den schönen Dingen des Lebens.	
21.	Bewahre dir einen Glauben, denn du brauchst etwas zum Festhalten.	
22.	Nimm deine Pflichten ernst und kämpfe für deine Rechte.	
23.	Lerne, zu empfangen und loszulassen.	
24.	Verdirb niemandem den Spaß.	
25.	Auch Trauer, Angst und Mutlosigkeit gehören zu deinem Leben. Nimm sie an.	
26.	Mache dir bewusst, dass du einmalig bist.	
27.	Übernimm die Verantwortung für alles, was zu tust und sagst.	
28.	Lache so oft wie möglich, denn es ist gesund.	
29.	Überprüfe immer wieder deine Einstellung zum Leben.	

◎ Aufgabe

Lies dir die einzelnen Tipps in Einzelarbeit genau durch und kennzeichne sie:
! = Diese Aussage ist gut und hilfreich.
– = Damit bin ich nicht einverstanden bzw. das ist schwierig, umzusetzen.
? = Das habe ich nicht richtig verstanden.

Einfach die Welt verändern

Darum geht's

Wir werden ständig mit der Realität dieser Welt konfrontiert. Über die Medien erfahren wir unmittelbar von Kriegen, Katastrophen und Unglücken. Die geballte Masse schlechter Nachrichten hat Auswirkungen auf die Lebenseinstellung einiger Menschen, die schlimmstenfalls in Resignation münden kann. Wir haben als Lehrer die Aufgabe, mit den Schülern die Welt, das Leben und die Menschen zu entdecken. Das geschieht in vielen Fächern aus unterschiedlichen Perspektiven. Die Schüler lernen, die Gegebenheiten zu analysieren und zu deuten.
Wichtig ist aber auch, dass wir sie dazu anregen, die Zukunft zu gestalten. Auch das ist ein Teil des sozialen Lernens.
In der folgenden Unterrichtsstunde werden die Schüler zunächst mithilfe eines Textes zum Träumen eingeladen. Dabei werden sie dazu angeregt, ihre eigenen Gedanken mit einem positiven und Mut machenden Blick in die Zukunft zu formulieren.

Kompetenzen

Die Schüler …

- richten ihren Blick in die Zukunft und erkennen, dass vor allem das Verhalten der Menschen die Welt und das Leben beeinflussen.
- entwickeln eigene Ideen, wie sie diese Welt verändern können.

Klassenstufe

5–10

Material

- Arbeitsblatt „Stell es dir vor" (S. 115)
- Schreibpapier für jeden Schüler
- Schere für jeden Schüler
- mehrere Pinnwände und Reißzwecken

Vorbereitung

Kopieren Sie das Arbeitsblatt „Stell es dir vor" (S. 115) in Klassenstärke. Halten Sie die restlichen Materialien (Schreibpapier, Pinnwände) bereit.

Stundenverlauf

Einstieg

ca. 10 Minuten

Die Schüler erhalten das Arbeitsblatt „Stell es dir vor" (S. 115). Erarbeiten Sie mit den Schülern den Inhalt des Textes:

- *„Was ist das Thema des Textes? Von welchen konkreten Träumen wird berichtet?"*
- *„Können diese Träume Wirklichkeit werden und, wenn ja, wie?"*
- *„Der Text spricht dich als Leser direkt an. Was sagt er dir?"*

Erarbeitung

ca. 25 Minuten

Am Ende des Textes steht die Behauptung, dass jeder Mensch die Möglichkeit hat, diese Welt zu verändern. Erläutern Sie den Schülern die Intention des Textes.
„Der Inhalt des Textes ist eine Provokation für alle, die ständig nur klagen und so ihr eigenes Nichtstun rechtfertigen. Greife die Anregungen des Textes auf und überlege, wie du ganz persönlich mit deinem Handeln und Reden die Welt verändern kannst. Schreibe dazu einen kurzen Text, den du ebenfalls in die Spiralform überträgst."
Die Schüler gestalten zunächst in Einzelarbeit ihren persönlichen Text. Die Schüler setzen sich dann mit einem Partner zusammen, lesen einander ihre Texte vor und unterhalten sich darüber.

Präsentation/Abschluss

ca. 10 Minuten

In der Abschlussphase werden die kreativen Textarbeiten in Form einer kleinen Ausstellung präsentiert. Dazu werden die Kreistexte der Schüler ausgeschnitten und an die Pinnwände geheftet. Mit einer Reißzwecke in der Mitte können die Texte gedreht werden.
Die Schüler lesen die Texte in Ruhe durch.
In einer kurzen Abschlussrunde können die Schüler in einem Satz mitteilen, was sie aus der Unterrichtsstunde mitnehmen.

Stell es dir vor

Du kannst mit der Kraft deiner Gedanken dein Leben verändern und vielleicht sogar die ganze Welt. Das hört sich unglaublich und ein wenig verrückt an. Aber du kennst das Gefühl, wenn du dir in deiner Fantasie bestimmte Begebenheiten oder Begegnungen vorstellst. Alles läuft wie ein Film vor deinem geistigen Auge ab. Und dabei fühlst du dich meistens gut, denn du hast etwas verändert. Stell dir nun vor, dass du dein erträumtes Verhalten wirklich in die Tat umsetzt. Was könnte passieren: Du hilfst einer Person, die traurig oder verletzt ist. Du reichst einem Menschen die Hand und schließt Frieden mit ihm. Und stell dir vor, das würden ganz viele Menschen auf der Welt tun. Stell dir vor, was sich alles in der Welt verändern könnte?

Aufgaben

1. **Lies den Spiraltext aufmerksam durch.**
2. **Der Text stellt einen Traum vor, den Traum von einer guten und friedvollen Welt. Was kannst du persönlich dazu beitragen? Gestalte deinen eigenen Spiraltext als Antwort auf diese Frage.**

Lebensweisheiten

Darum geht's

Die Menschen aller Zeiten und Kulturen machen Lebenserfahrungen, die sie in markanten Sätzen zusammenfassen. Solche Lebensweisheiten werden über Generationen weitergegeben (z. B.: *„Übung macht den Meister", „Jeder ist seines Glückes Schmied." …)*. Jede Kultur und Gesellschaft verfügt über einen Schatz an eigenen Lebensweisheiten. Oft handelt es sich um überlieferte Konventionen, die vor allem hilfreich für das Zusammenleben in der Gemeinschaft sind. Sie bieten dem Einzelnen eine Orientierung, die sich über Generationen gut bewährt hat.
Die Schüler werden in dieser Unterrichtsstunde mit solchen Weisheiten und Sprüchen konfrontiert. → Haben diese auf den Punkt gebrachten Erfahrungen und Leitsätze eine Bedeutung für unser heutiges Leben und Zusammenleben?

Kompetenzen

Die Schüler …

- setzen sich mit Lebensweisheiten auseinander und überprüfen deren Aussage in Bezug auf ihr heutiges Leben.
- verklanglichen die Texte in Form einer Audio-Collage.

Klassenstufe

5–10

Material

- Arbeitsblatt „Lebensweisheiten mit Lücken" (S. 118)
- Smartphone oder Tablet mit Audio-App zum Aufnehmen
- Lautsprecher

Vorbereitung

Kopieren Sie das Arbeitsblatt „Lebensweisheiten mit Lücken" (S. 118) in Klassenstärke. Bereiten Sie das Audio-Equipment (Smartphone bzw. Tablet, Audio-App, Lautsprecher) für die Tonaufnahme vor.

Stundenverlauf

Einstieg

ca. 10 Minuten

Schreiben Sie den folgenden Satz an die Tafel: *„Ohne Fleiß kein Preis!"*
Erarbeiten Sie mit den Schülern das Thema Lebensweisheiten und erläutern Sie kurz die Entstehung und Bedeutung solcher Sinnsprüche. Verdeutlichen Sie, dass es sich dabei nicht um keine sinnentleerte Phrasen handelt, sondern um Hilfestellungen für den Einzelnen, wie er sich in der Gemeinschaft gut einbringen kann. Es sind überlieferte Ratschläge, die sich an die heranwachsende Generation richten.
Die Schüler können beispielhaft auch eigene Sprüche nennen und deren Bedeutung erläutern.

Erarbeitung

ca. 20 Minuten

Die Schüler bilden mehrere Arbeitsgruppen mit je drei bis vier Schülern, die zunächst das Arbeitsblatt „Lebensweisheiten mit Lücken" (S. 118) erhalten. Die einzelnen Sprüche sind unvollständig. Die Aufgabe für die Gruppen besteht darin, die Lücken zu füllen und dem Text somit eine sinnvolle Bedeutung zu geben. Es wird eine Auswahl an Wörtern vorgeschlagen, wobei sich auch einige Nieten darunter befinden. Wichtig ist, dass die Schüler die sinnvolle und lebensrelevante Bedeutung der Aussagen entdecken. Dabei können sie mit verschiedenen Wörtern experimentieren. Im Anschluss diskutieren die Gruppen den Inhalt der Sinnsprüche und überlegen, ob die betreffende Lebensweisheit auch eine Bedeutung für das eigene Leben hat und, wenn ja, wo sie Anwendung findet.
Auf dieser Grundlage erarbeiten die Schüler ein kleines Audioprojekt. Jeder Schüler sucht sich eine Lebensweisheit aus und probt seinen Satz mit unterschiedlicher sprachlicher Ausmalung (Betonung, Lautstärke, Tempo, Rhythmus).
Dann stellen sich alle Schüler in einem Kreis auf.

Erläutern Sie kurz das Vorhaben:
„Wir wollen nun gemeinsam mit den Lebensweisheiten, mit denen ihr euch gerade inhaltlich und sprachlich beschäftigt habt, eine Audio-Collage erstellen."
Erläutern Sie die einzelnen Schritte:

- Nacheinander spricht jeder seinen Satz mit individuellem Ausdruck laut, leise, schnell, langsam usw. aus.
- In der zweiten Phase entsteht ein künstlериches Gemisch, eine Art Sprachverwirrung. Alle sprechen durcheinander.
- In der letzten Phase entsteht nach und nach wieder eine Ordnung.

Machen Sie zuerst eine oder mehrere Übungsrunden. Wenn sich die Sprech-Collage gut anhört und alle damit zufrieden sind, kann das Ganze mit einem Smartphone bzw. einem Tablet aufgenommen werden. Dabei braucht die Aufnahme zunächst nicht nachbearbeitet zu werden. Falls sich jedoch Schüler dazu bereiterklären, sollten Sie das Angebot annehmen.

Abschluss

ca. 15 Minuten

Das Ergebnis des kleinen Projektes kann auf der Schulhomepage präsentiert werden. Es zeigt, dass manche vermeintlich angestaubte Lebensweisheit immer noch für Einzelne und die Gemeinschaft mit andenen Menschen von Bedeutung ist.

Lebensweisheiten Lösungen:

1. Glück ist, das Beste aus dem zu machen, was man zur Verfügung hat.
2. Es sind die Augenblicke, die zählen, nicht die Dinge.
3. Das Glück hängt nicht davon ab, wie viel wir haben, sondern wie viel Freude wir daran haben.
4. Glücklich ist nur, wer glücklich macht.
5. Nimm dir Zeit für deine Freunde, sonst nimmt die Zeit dir deine Freunde.
6. Man merkt häufig erst zu spät, wer ein richtiger Freund ist. Erst dann, wenn man ihn vermisst.
7. Die großen Dinge im Leben kosten nichts.
8. Wende dein Gesicht der Sonne zu, dann fallen die Schatten hinter dich.
9. Versuche, herauszufinden, wer du bist und was du kannst und willst.
10. Bleibe neugierig, denn nur so eroberst du dir die Welt.
11. Achte auf deine Gedanken, denn sie sind der Anfang deiner Taten.
12. Wenn du die Welt verändern willst, beginne mit dem Menschen, den du morgens im Spiegel siehst.
13. Ein guter Freund ist ein Mensch, der mich gut kennt und trotzdem zu mir hält.
14. Jeder ist seines Glückes Störenfried.
15. Die meisten Menschen werden kleiner, wenn man sie unter die Lupe nimmt.
16. In jedem Menschen steckt etwas Kostbares.

Lebensweisheiten mit Lücken

1. Glück ist, das .... aus dem zu machen, was man zur .... hat.

2. Es sind die ...., die zählen, nicht die Dinge.

3. Das .... hängt nicht davon ab, wie viel wir haben,
sondern wie viel .... wir daran haben.

4. Glücklich ist nur, wer .... macht.

5. Nimm dir .... für deine Freunde, sonst nimmt die ....
dir deine Freunde.

6. Man merkt häufig erst zu spät, wer ein .... ist.
Erst dann, wenn man ihn vermisst.

7. Die großen .... im Leben kosten nichts.

8. Wende dein Gesicht der .... zu, dann fallen die ....
hinter dich.

9. Versuche, herauszufinden, wer du .... und was du kannst
und ....

10. Bleibe ...., denn nur so eroberst du dir die Welt.

11. Achte auf deine ...., denn sie sind der Anfang deiner Taten.

12. Wenn du die .... verändern willst, beginne mit dem ....,
den du morgens im Spiegel siehst.

13. Ein guter Freund ist ein ...., der mich gut .... und trotzdem zu mir hält.

14. Jeder ist seines Glückes ....

15. Die meisten .... werden kleiner, wenn man sie unter die Lupe nimmt.

16. In jedem Menschen steckt etwas ....

Aufgabe

Setze die fehlenden Wörter in die Lücken. Aber Vorsicht, denn es gibt auch Nieten:
Schatten – Pessimist – bist – richtiger – toller – Mann – Dinge – Gedanken – Sonne – Zeit – Mensch – liebt – Augenblicke – Familie – Kostbares – Reichtum – Worte – Schatten – Neid – Kopie – willst – langweilig – neugierig – kennt – Wolken – Welt – Gesellschaft – Menschen – Welt – Optimist – wollen – Menschen – Tiere – Lösung – Miesmacher – Störenfried – Glück – Freund – Verfügung – Freude – Beste – glücklich – Eltern – Sehnsucht – kennt – Lehrer – Zeit

  ISBN 978-3-8346-3733-8 | www.verlagruhr.de

Medientipps

Literatur

Furman, Ben
Ich schaff's!
Spielerisch und praktisch Lösungen mit Kindern finden
Das 15-Schritte-Programm für Eltern, Erzieher und Therapeuten
Carl-Auer Verlag, 2017
ISBN 978-3-8967-0500-6

„Ich schaff's" basiert auf einer Sichtweise und inneren Haltung, nach der Kinder nicht auf der Grundlage von vermeintlichen Defiziten beurteilt werden, die es zu beheben gilt, sondern, durch Erwachsene wohlwollend unterstützt, ihre Fähigkeiten entwickeln dürfen. Dieser lösungsorientierte Ansatz wird in dem Buch anhand von vielen Beispielen verdeutlicht. Die vermeintlichen Defizite werden als noch nicht erlernte Fähigkeiten definiert, die die Kinder mit Unterstützung der Erwachsenen Schritt für Schritt angehen und bewältigen.

Gugel, Günther
Handbuch Gewaltprävention II: Für die Sekundarstufen und die Arbeit mit Jugendlichen
Grundlagen – Lernfelder – Handlungsmöglichkeiten
Institut für Friedenspädagogik Tübingen e. V., 2009
ISBN 978-3-9324-4452-4

In dem „Handbuch Gewaltprävention" liefert Günther Gugel einen umfassenden Überblick über das Thema Gewalt mit unterschiedlichen Lernfeldern und Anregungen zur Umsetzung in die Praxis.

Weitere Bände des Handbuches sind auch für den Vorschulbereich und die Grundschule erhältlich:

Gugel, Günther
Handbuch Gewaltprävention III: Für den Vorschulbereich und die Arbeit mit Kindern
Grundlagen – Lernfelder – Handlungsmöglichkeiten
Institut für Friedenspädagogik Tübingen e. V., 2014
ISBN 978-3-9324-4470-8

Gugel, Günther
Handbuch Gewaltprävention: Für die Grundschule und die Arbeit mit Kindern
Grundlagen – Lernfelder – Handlungsmöglichkeiten
Institut für Friedenspädagogik Tübingen e. V., 2007
ISBN 978-3-9324-4422-7

Thömmes, Arthur
Gemeinsam sind wir stark. Spiele zur Förderung der Klassengemeinschaft in der Sek I
Verlag an der Ruhr, 2017
ISBN 978-38346-3541-9